W0397890

BOOKCLUB 48

Marco Lapenna **Latitudine 0°**

66THAND**2**ND

progetto grafico di copertina
Francesco Sanesi

illustrazione di copertina
Heather Clark Lynn

composizione tipografica
Cycles di Sumner Stone
Linotype Univers di Adrian Frutiger

ISBN 978-88-3297-155-2

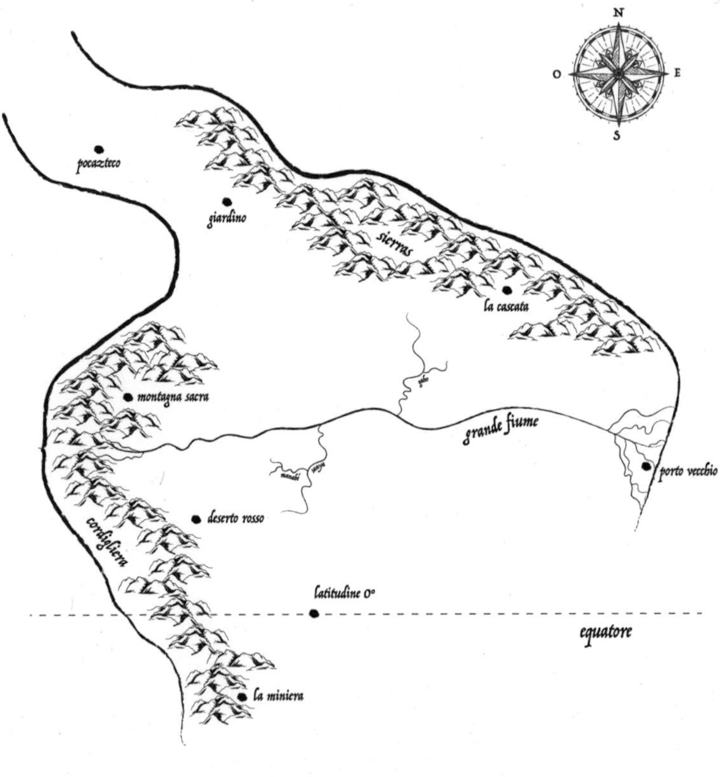
N
O
E
S
pocazteco
giardino
sierras
la cascata
yabo
montagna sacra
grande fiume
manabí
porto vecchio
deserto rosso
cordigliera
latitudine 0°
equatore
la miniera

Parte prima

Devi guardare a lungo nell'abisso,
se vuoi che l'abisso guardi dentro di te.

1. L'archivio della dottoressa Guzmán

«Dottoressa, capisco che lei cerchi di giustificare le mie azioni. Questo perché non ha visto il demone piumato che mi copre gli occhi con le dita e guida la mia mano».

Ancora una volta Carvajal mise il video in pausa. L'ultimo a parlare era stato il gigante, l'energumeno dai tratti slavi che i braccioli della sedia faticavano a contenere. Sergei Matikov, come recitava l'adesivo sulla videocassetta. La data: 14 giugno 2004. Quasi sei mesi prima.

Carvajal si abbandonò sullo schienale della poltrona, gli bruciavano gli occhi. Riavvolse il nastro per qualche secondo. Le due figure erano inquadrate di profilo, separate da una robusta scrivania. Parlavano entrambi uno spagnolo estremamente corretto. Il che accentuava il contrasto tra il cantilenare chilango della dottoressa e l'accento angoloso del Russo.

«Per questo è fondamentale che si renda conto che il nostro rapporto – professionalmente, intendo – non ha nulla a che vedere con i miei eventuali giudizi morali. Stiamo lavorando su un piano completamente diverso».

«Dottoressa, capisco che lei cerchi di giustificare le mie azioni. Questo perché non ha mai visto il demone piumato che mi copre gli occhi con le dita e guida la mia mano».

Da due giorni e tre notti Gaspar Carvajal occupava lo studio della psichiatra. Nessuno l'aveva disturbato. La polvere, le macchie di umido, un paio di bonsai totalmente secchi erano segni inequivocabili dell'abbandono dell'appartamento. Tanto valeva risparmiare tempo. Dormiva l'indispensabile, sul divano della sala d'attesa. Bastava fare attenzione con la luce della lampadina tascabile: di notte non doveva filtrare dalle finestre. Ma le tende erano di tela pesante, e poi non era detto che la gente del quartiere si allarmasse per così poco, sebbene di recente si fosse consumato in quel luogo un fatto di sangue.

E così aveva lasciato anche la stanza della San Rafael, portandosi via la coperta a righe, e alle tre di notte dell'11 dicembre si era stabilito nello studio della Calle dr Velasco, sgusciando tra i nastri di plastica dei sigilli. La porta non chiudeva, l'alloggio per i chiavistelli era stato divelto dallo stipite quando la polizia l'aveva sfondata.

Oltre l'anticamera c'era lo studio vero e proprio: una stanza piccola con una sola finestra, occupata da una grande scrivania di legno, una libreria, la poltroncina della psichiatra e due sedie. Sulla scrivania Carvajal aveva sistemato il televisore, accanto alla lampada. Per smorzare la luce, aveva coperto la finestrella con una maglietta sporca.

Ancora una volta, stropicciandosi gli occhi, Carvajal prese posto sulla poltrona della dottoressa. Premette il pulsante di accensione, e il vecchio videoregistratore scoprì tossicchiando le testine. Anche Carvajal tossì.

Cristo, pensava, il freddo che fa a dicembre a Città del Messico.

La coperta a righe era ancora sul divano dell'anticamera, dove l'aveva lasciata. Carvajal illuminò la stanza con la lampadina tascabile: le finestre che davano sulla strada, coperte dalle tende, i quadri ai muri, la lampada a stelo, la poltrona.

Sul tavolino basso, un fermacarte in stile precolombiano e un piccolo espositore pieno di volantini pubblicitari – ristoranti soprattutto, e qualche meta turistica famosa.

Carvajal si avvolse la coperta intorno alle spalle. Tornò alla scrivania e alla sua ricerca. Non poteva ancora immaginare che lo avrebbe portato nel cuore profondo della foresta. Insieme a Columbus, il capitano, fin sotto i bastioni di Latitudine 0°.

Città del Messico era fredda e gli faceva uscire il sangue dal naso. L'aria secca – sottile per l'altitudine e affilata dagli scarichi delle marmitte – gli aveva asciugato gli angoli delle labbra e i bordi delle narici.

Carvajal era arrivato da una settimana. Il 6 dicembre, di mattina presto. Aveva preso subito un taxi, che l'aveva portato all'indirizzo nella colonia San Rafael. Calle Herrera. Si era limitato a guardare la strada, aveva contato i portoni fino al numero 19. Poi aveva sceso le scale della stazione metro San Cosme e seguendo le indicazioni di Elsa era arrivato con un cambio a Balderas, nella colonia Juarez. Nel parco fuori dalla stazione aveva comprato un taco da un ambulante, poi aveva costeggiato le cancellate della biblioteca fino alla calle Emilio Donde. Era in anticipo di un'ora, ma decise di suonare comunque. Nessuna voce dal citofono, la serratura scattò e il portone si aprì su un vestibolo poco illuminato ma pulito. I motivi geometrici delle piastrelle, gli spigoli smussati dei muri sapevano di almeno vent'anni prima. Carvajal imboccò la rampa di scale senza ricordarsi il piano. Sul secondo pianerottolo lo aspettava Elsa.

«Gaspar!» disse con voce chioccia, e spalancò le braccia con fare tipicamente italiano.

[Dall'archivio della dottoressa Guzmán. Serie: Sergei Matikov. 24 maggio 2004]
«Mi parli ancora delle sue visioni».

Nell'angolo destro dello schermo, Sergei Matikov, il Russo, inarcò le sopracciglia prima di parlare.

«Nella foresta non le chiamerebbe visioni». Poi sospirò a labbra strette, come se l'orgoglio stentasse a passargli tra i denti: *«No, nella foresta non le dovrei alcuna spiegazione. Se mi avesse visto alla testa dei miei segugi sicari, il demone piumato alto e splendente... Quando ero un guerriero temuto alla corte dell'egemone. A Latitudine 0°, la fortezza centrale. Quando ero un dominatore del demone... Ma El Bicho, l'egemone sanguinario, non perdona facilmente gli errori dei suoi. Per questo sono scappato. Qui, nel mondo di fuori. Lo vede, come sono finito? A volte mi chiedo se non sarebbe meglio una vita da paria nella foresta. Ma lui mi troverebbe prima o poi»*.

Per consuetudine più che per frequentazione, Elsa era la migliore amica di Nina. Quando le avevano proposto di trasferirsi a Città del Messico per un avanzamento di carriera, la prospettiva l'aveva terrorizzata. Aveva accettato soltanto perché sapeva che ci avrebbe ritrovato Nina, che si era trasferita in Messico da quasi un anno. E così le aveva scritto subito una lunga mail, una mail entusiasta in cui le annunciava addirittura la data di arrivo – dall'ufficio le avevano consigliato di prenotare il prima possibile. Forse ci era rimasta un po' male quando Nina non era venuta a prenderla in aeroporto. Ma avrà i suoi impegni, si era detta.

E invece era passata quasi una settimana prima che riuscissero a vedersi. Meno male che intanto aveva conosciuto Marisol, la contabile del secondo piano... la sera stessa l'aveva portata a bere qualcosa in un bar carinissimo della colonia Juarez. Erano diventate subito amiche, con Marisol.

Mentre Nina era difficile da avvicinare. Nina era sempre così problematica. Quando finalmente si erano viste, per la prima volta dopo un anno, all'inaugurazione della mostra di Juanca, era stata quasi scontrosa. Juanca era un pittore, un ritrattista. Lui e Nina erano stati insieme per quasi un anno. Non lo sapevi, Gaspar?

[Da una mail di Gaspar Carvajal alla sorella Trinidad, scritta a Valencia il 30 novembre e da lei ricevuta a Siviglia]
Dal 23 ottobre, Nina è tornata al centro dei miei pensieri. È tornata. Non ci posso fare niente.

Quante volte te l'ho già detto, Trini? Tra la vita con Nina e la vita senza Nina è come tra il mondo a colori e il mondo in bianco e nero. Tutte le volte me ne rendo conto a mie spese.

Il vero miracolo è che in questi tre anni sia riuscito a risparmiarle le mail da ubriaco.

Ho saputo da un amico di Ernesto che è andata via da Milano. Da due anni vive a Città del Messico. Le ho scritto, più volte. Non ha risposto. Tu riderai, ma la cosa mi preoccupa.

A Città del Messico, a quanto pare, c'è anche Elsa. Nemmeno lei ha notizie. Da mesi.

Sorellina, inutile girarci intorno. Parto il 5 dicembre notte, per Città del Messico.

Ho un indirizzo: Calle Herrera 19, colonia San Rafael. Dovrebbe essere il suo. E poi ho l'indirizzo e il numero di Elsa. Dice che posso appoggiarmi da lei.

Per i primi tre giorni Carvajal rimase a casa di Elsa, che d'altronde era la sua unica pista verso Nina: Elsa e l'indirizzo della San Rafael.

La mattina del secondo giorno si era alzato prestissimo. Entro un'ora era di nuovo alla Calle Herrera.

Stavolta suonò il campanello, la porta si aprì con uno scatto e Carvajal si ritrovò di fronte al gabbiotto rabberciato del portiere.

«Buongiorno,» disse al vecchio, che non aveva distolto lo sguardo da un mini televisore portatile «sto cercando la signorina Morelli. Nina Morelli».

«Non abita qui».

«Scusi, è la Calle Herrera, numero 19?».

Con un sospiro, il portiere abbassò il volume del televisore e si rivolse finalmente a Carvajal.

«L'indirizzo è giusto. Con chi ho il piacere?».

«Carvajal. Un amico della signorina Morelli».

Lo sguardo del vecchio rimase opaco: «Mi rincresce tanto. Non c'è nessuna Morelli».

«Un'italiana» insistette Carvajal. «L'avrà sentita suonare il violino».

«Il violino?»

«Capelli chiari, alta...» continuò Carvajal, oscillando orizzontalmente il palmo qualche centimetro sopra la testa. Per poi rassegnarsi, dopo un attimo di esitazione, a mimare la forma abbondante del seno.

«Straniera?» si illuminò il portiere.

«Sì, *güerita*».

«Ah, e la signorina è amica sua... Bene, sì. Mi ricordo. Abitava con la Consuelo. Ma è straniero anche lei, vero? Comunque la signorina non si vede da mesi. Qui non si vede più».

«Ha cambiato casa?».

«È facile, è probabile. Venga con me. Vediamo se c'è la Consuelo».

Il vecchio uscì dal gabbiotto. Sotto la camicia sdrucita portava i pantaloni di una vecchia livrea, con una banda laterale che un tempo doveva essere stata di un rosso acceso.

Non c'era ascensore. Carvajal lo seguì fino al terzo pianerottolo. Il vecchio si fermò di fronte alla porta di sinistra e bussò.

«Signorina Consuelo?».

Aspettò qualche secondo, poi bussò ancora.

«Signorina?».

La porta non era blindata. Sotto il pomello, la serratura mostrava i segni di varie sostituzioni.

«Non c'è» disse il portiere stringendosi nelle spalle. «Ma lei la conosce, la signorina Consuelo?».

«Veramente no».

«Allora scusi, ma io qui non ce la potevo portare. Torniamo di sotto. Non ce l'ha un numero di telefono?».

Prima di seguirlo verso i piani inferiori, Carvajal si fermò di fronte alla porta scrostata. Un adesivo rotondo era attaccato accanto al buco cieco dello spioncino.

Tempo due rampe di scale e il vecchio portiere era già dentro il suo gabbiotto, pronto a scivolare in una telenovela lasciata a metà.

«Provi a telefonare. La prossima volta provi prima a telefonare».

Carvajal non aveva più nulla da fare lì.

«Buona giornata» disse, e voltò le spalle al vecchio.

[Dall'archivio della dottoressa Guzmán. Serie: Sergei Matikov. 24 maggio 2004]

«Quando dice "la foresta", a quale foresta si riferisce? Chiapas? Yucatán? Guatemala?».

«La foresta di cui le parlo è un luogo meno definito. Attraversa i confini degli Stati e non ne tiene conto. È un regno, un continente invisibile».

«È una leggenda?».

«Una leggenda, sì, ma non una leggenda qualsiasi. Per me, come per molti altri, è stata l'Eldorado».

«Lei, un cercatore d'oro?».

«Su, dottoressa, fa sempre la figura della materialista» ridacchiò il Russo appoggiato allo schienale, le spalle rilassate, le mani distese sui braccioli. A tratti si sventolava con un pezzo di carta rettangolare, un volantino ripiegato probabilmente.

«Lo siento mucho» alzò le mani la dottoressa. *«È stato lei il primo a parlare di oro»*.

«Non di oro, ma di Eldorado. Il mito squisitamente americano. Anche se alcuni pensano che le sue propaggini si spingano fino in Europa, in Asia... io non credo. Ad ogni modo, nessuno conosce i confini della foresta. Tutti però conoscono il suo centro. Il centro è Latitudine 0°».

La dottoressa espirò, senza impazienza.

«Se la foresta non ha confini,» chiese *«come si fa a entrare?»*.

«Mea culpa. Mi sono espresso male. La foresta non ha limiti, ma confina con il mondo di fuori. E lungo questi confini ci sono delle vie di accesso».

«E dove?».

«Dottoressa, mi creda» ghignò il Russo, picchiandosi le mani sulle cosce. *«Lei non è il tipo. Senza sapere certe cose, starà meglio»*.

«Quanta premura...».

«E se le dicessi che l'entrata è sotto la piramide? Sotto il tempio del sole e della luna?» esclamò il Russo improvvisamente serio, arrotolando il volantino a cannocchiale e poi puntandolo verso la dottoressa.

«Direi, signor Matikov, che oggi le va di prendermi per il culo. Potrebbe essere un buon segno... Ma cambiamo argomento. Come si trova alla residenza? Le piacciono i compagni di camerata?».

Il Russo si rimise a ghignare.

[Da una mail di Gaspar Carvajal alla sorella Trinidad, scritta a Città del Messico il 7 dicembre e da lei ricevuta a Siviglia]
A colazione, Nina metteva Mellon Collie and the Infinite Sadness. *In macchina, Nina metteva* Mellon Collie and the Infinite Sadness.

Nina non abita più alla calle Herrera, ma sulla porta dell'appartamento ho trovato un adesivo tondo: un adesivo di Mellon Collie and the Infinite Sadness. *Quando l'ho visto mi si è fermato il sangue. Anche di questo è fatto l'odore di Nina. Sono questi i segni del suo passaggio, che devo imparare a riconoscere.*

Se Città del Messico avesse un fiume, Trini, come sarebbe diverso dal Guadalquivir.

Quando Elsa varcò la soglia, festosa e cinguettante, trovò Carvajal seduto al tavolo della sala. Con l'occhio semiaperto sembrava passare in rassegna le stampe sulla parete, ma in realtà esaminava, con l'occhio semichiuso, gli esiti della ricerca odierna e i piani per il prossimo futuro. Per un paio di secondi Elsa lo guardò in silenzio, lo giudicò torvo e anche un po' ingrato, poi disse comunque:

«Ho portato la cena!».

E visto che Carvajal rimaneva assorto, aggiunse:

«*Tostadas* di gamberi, *ceviche* al guacamole e *quesadillas* di marlin… è una specie di pesce spada».

«Ah, ho ritrovato il numero di Juanca» gli disse Elsa poco più tardi, pulendosi un angolo delle labbra con il tovagliolo

Carvajal aveva la bocca piena.

«Il pittore?» rispose dopo aver mandato giù un malloppo di ceviche.

«Se c'è qualcuno che ti può aiutare, quello è lui».

Carvajal mangiava rapidamente. Soltanto Elsa alzava gli occhi dal piatto, per guardarlo oltre il bicchiere di vino.

«Juanca non era male» disse. «Non era cattivo, ero io che non mi ci trovavo. Dopo la festa a Guadalajara, la coca... non era tipo per me».

«Per te?».

«Poi Nina ha ripreso a star male» proseguì Elsa, ignorandolo. «Da allora l'ho vista non più di un paio di volte. Era tetra. Come se aspettasse sempre qualcosa... boh, qualcosa che doveva arrivare da altrove. Mi ha parlato di un russo. Mi ha fatto paura. Gaspar... dovresti chiedere a Juanca».

Carvajal si alzò da tavola per portare via i piatti. Anche Elsa si alzò, con il bicchiere in mano. Bevve un altro sorso. Le erano venute le guance rosse.

«Il problema, Gaspar, è che tu non sei qui per fare turismo».

Lo intercettò tra il lavandino e il divano, mordicchiando l'orlo del bicchiere. Gli prese il polso, rise e la risata le andò mezzo di traverso, poverina, tra la gola e il naso. Chissà se Carvajal se ne era accorto. Non le restava che fare subito la faccia truce e tirarselo nella stanza da letto.

Carvajal ne venne fuori da solo, un paio di minuti dopo.

«Mi avevi detto che eri sterile, non che eri impotente!» gli gridò dietro Elsa prima di sbattere la porta.

Carvajal si allungò sul divano senza sfilarsi le scarpe. Arrotondò una mano dietro la nuca e con l'altra si pulì la fessura tra gli incisivi.

Tre anni prima, a Valencia.

«Sei pazzo? Mettitelo subito» aveva detto Nina, fermando il movimento del pube e spingendolo fuori.

Carvajal si sporse dal letto per rovistare nel cumulo di vestiti sul pavimento, accanto alla valigia chiusa che Nina, la mattina dopo, avrebbe riportato a Milano. Da una tasca dei pantaloni estrasse la solita confezione quadrata.

«In famiglia rimaniamo incinte come niente!».

Carvajal era già tornato dentro. Le aveva intrecciato le dita nei capelli corti per non perdersi più tardi, quando avesse avuto poca aria, nuotando nel lago di lei. Nina gli aveva succhiato il collo, quando aveva riso si erano guardati e aveva riso anche lui senza fermarsi, come lei non aveva smesso di gemere per ridere. Era sempre così quando godevano di più.

Dopo il sesso, nel sudore e nel caldo che a luglio seguono l'amore, Carvajal aveva sollevato la testa dal cuscino per guardarla: i seni grandi e bianchissimi, gli occhi azzurri e la piega triste agli angoli delle palpebre. Era distesa con la pancia scoperta, mangiucchiava il filtro di una sigaretta spenta. E Carvajal aveva pensato che dall'unione con quel ventre non sarebbe potuto nascere che un angelo sterminatore o una creatura piena di grazia. Mentre lui nel migliore dei casi sarebbe morto.

[Da una mail di Gaspar Carvajal alla sorella Trinidad, scritta a Città del Messico il 7 dicembre e da lei ricevuta a Siviglia]
Quando Nina è andata via, ho cominciato ad analizzare il mio desiderio per lei. L'ho sviscerato, l'ho vivisezionato fino a verificare che il mio grande amore non era che una somma di piccole meschinità. Come forma di difesa, è stata efficace: credevo di essere per sempre immune al pensiero di Nina.

L'unico effetto collaterale è che da allora ho cominciato a soffrire di desideri anatomizzati. La mia volontà si dipana sotto una lente e io la osservo dall'esterno, senza genuinità. Non potendo seguire l'onda caotica di Nina, mi sono ritirato in una quiete da narcotizzato.

Ma Trini, per assurdo che possa sembrare, uno spermiogramma ha mischiato le carte. Teratozoospermia. Capisci che mi ha alleggerito dalla responsabilità del futuro? Forse diventerò capace di un edonismo più disarmonico. Nina, come simbolo del mondo dionisiaco.

Che tu ci creda o no, Nina ha fatto molto per me. Ha fatto sempre tutto quello che ha potuto.

[Dall'archivio della dottoressa Guzmán. Serie: Sergei Matikov. 7 giugno 2004]
«*Lei non immagina cosa abbia voluto dire lasciare la foresta*» disse il Russo. A capo chino, come tremendamente stanco. «*La vita nella foresta è su tutt'altra scala. Le gioie e i dolori del mondo di fuori sono insignificanti al confronto. Come l'ago di un manometro che oscilla impercettibilmente tra l'uno e l'uno virgola uno. Mentre nella foresta arriva a dieci, a venti, crolla a meno quindici e risale a trenta*».

«*Non è un quadro troppo diverso da quello descritto da certi tossicodipendenti*».

«*Può darsi. Ma non si tratta di semplice astinenza. Il demone piumato è ancora qui con me. Tutti i giorni lo guardo deperire. Soffre la fame e non so come nutrirlo*».

Tu-tu-tu, fece il telefono di Juanca, il pittore colombiano.

Carvajal ricompose il numero.

«Ancora?! O sei una guardia oppure sei stronzo...».

«Aspetta, ho avuto il numero da Elsa. Voglio solo sapere...».

«Ma io non so un cazzo. L'italiana è pazza, dimenticatela. E poi tu chi cazzo sei?».

«Mi chiamo Carvajal. Non attaccare, *joder*...».

«Carvajal? *Joder*?».

«Cosa?».

«Sei spagnolo?».

«Perché?».

«Di Spagna?».

«Sono spagnolo di Siviglia».

«Come hai detto che ti chiami?».

«Gaspar. Carvajal».

Pausa.

«No… tu sei Gaspar!».

Lunga pausa.

«Nina mi ha fatto due palle così, *hiju'e puta*. Gaspar, Gaspar, sempre Gaspar… Senti, ce l'hai il numero della Consuelo?».

«No».

«Capirai, ce l'ha tutto lo Stato del Messico. Va bene, allora chiamo io. Ci vediamo lì, alla calle Herrera».

[Dall'archivio della dottoressa Guzmán. Serie: Sergei Matikov. 12 giugno 2004]

«*Sa perché non la denuncio subito alla polizia?*» disse la dottoressa Guzmán dallo schermo, le dita giunte davanti alla bocca.

«*Per non rinunciare al piacere delle nostre conversazioni?*» ghignò il Russo.

«*Se non la denuncio,*» proseguì la dottoressa «*è perché credo nel mio lavoro. Perché lei partecipa a un programma di recupero. Di recupero. E Dio solo sa se lei ne ha bisogno, Sergei*».

«*Bah... era una vecchia barbona di Morelos... E io le ho trovato da mangiare, e un sacco a pelo quasi nuovo. Le ho parlato, persino della foresta... E poi l'ho accompagnata al parco, sotto la panchina, dove viveva lei. L'ho abbracciata, l'ho tenuta calda. E non è servito a niente. Sono andato con la vecchia schifosa, e non serviva a niente. La frustrazione, dottoressa... Allora sì, le ho aperto un buco nella gola con il coltello, le ho tenuto la bocca tappata. E ancora non riuscivo a ottenere da lei quello di cui avevo bisogno. Un bisogno disperato. Le ho infilato un dito nella ferita, ho provato il sapore del sangue. Ancora niente*».

Silenzio.

«*Come temevo, lei non capisce la mia frustrazione*».

«Nina? Nina era una cosa pazzesca. Una forza della natura. Un *pinche* angelo sterminatore» gli disse Juanca non appena ebbero sciolto la stretta di mano.

Era piuttosto biondo per essere colombiano. Poca barba alla sveva, occhi chiari. Lo aveva aspettato al 19 della Calle Herrera, appoggiato al muro, con il cappottone di pelle che sbriciolava i fogli di intonaco.

La Consuelo li accolse sul terzo pianerottolo.

«Juanca, sono secoli!» sospirò.

«*Mamacita*... scommetto che non indovini chi ti ho portato».

«E chi sarà mai?» disse la Consuelo ammiccando a Carvajal.

«Non hai capito niente. Questo è Gaspar, il sivigliano!».

«Gaspar?».

«Piacere» si intromise Carvajal acchiappandole la mano che le pendeva lungo il fianco.

La Consuelo si era fatta seria.

«Entrate, entrate».

[Dall'archivio della dottoressa Guzmán. Serie: appunti. 13 giugno 2004]

«La foresta, con le sue città, le sue colonie, i suoi eserciti... il demone, il nutrimento del demone...»

In questa ripresa la dottoressa sedeva da sola nello studio, rivolta verso l'angolo più lontano dell'inquadratura. Parlava a voce più bassa, interrompendosi di frequente.

«Le allucinazioni di Matikov sono articolate, ma non mancano di coerenza. Dal personaggio emana un'aura selvaggia, un fascino morboso che ha finito per suggestionare gli altri ospiti del programma.

«Quanto all'episodio di violenza che mi ha riferito, il presunto omicidio di una vecchia senzatetto, mi chiedo se sul momento non

mi sia lasciata trasportare più del dovuto. Probabile che non ci sia molto di vero.

«Non più delle chimere sulla fantomatica foresta, dove i desideri degli uomini prenderebbero forma di demoni. Demoni insaziabili e tirannici.

«Un appunto: il nome di Matikov è emerso durante una seduta con Nina Morelli, l'italiana, bipolare in lieve fase depressiva. Devono essersi incontrati in sala d'attesa. La questione va approfondita. Non vorrei che Matikov la influenzasse negativamente».

Per un anno e due mesi Nina aveva vissuto con la Consuelo nella casa della colonia San Rafael.

Appena entrato nella stanza, Carvajal riconobbe immediatamente i segni del suo passaggio: nei libri incolonnati accanto al comodino – Tondelli, Bolaño, Truman Capote; nei vestiti appesi al cavalletto, alcuni dei quali conosceva bene; nella coperta a righe piegata in un angolo del letto, che pure non aveva mai visto; nel giradischi portatile che prendeva uno scaffale intero, sovrastato dall'immancabile triplo LP di *Mellon Collie and the Infinite Sadness*.

Carvajal prese un quadernino dal tavolo addossato al muro. Lo sfogliò, era vuoto. Su quaderni del genere, un tempo, Nina scriveva il suo diario.

Città maledetta, si disse. Sfilò un fazzoletto di tasca, gli usciva ancora il sangue dal naso.

«Quando è stata male, era febbraio».

«Sì, febbraio».

Carvajal e il pittore erano seduti al tavolo della cucina. Alle spalle della Consuelo, che preparava il caffè senza smettere di raccontare, brillava il cerino di un piccolo altare da muro. Uno scheletro ammantato, la Santa Muerte di Tepito, ne riceveva un bagliore tremulo che la luce diffusa nella stanza smorzava solo in parte.

«Ha cominciato a farsi seguire da una psichiatra» proseguì la ragazza. «Una certa Guzmán: lo studio era nella colonia Doctores, ho l'indirizzo. Convenzionato con l'assicurazione sanitaria internazionale. Ce l'accompagnavo una volta a settimana. Con le medicine andava meglio, ma ancora non era tornata alle prove dell'orchestra. È stato in quel periodo che ha lasciato Juanca...».

«Cioè, ci siamo lasciati» precisò lui.

«...ed è allo studio della dottoressa che ha incontrato il Russo. Io l'ho visto una volta soltanto. L'aveva portato qui».

Juanca fece una smorfia, e la Consuelo distolse gli occhi con un gesto che Carvajal prese per pudore.

«Poi è successo».

«Successo cosa?» la esortò Juanca. Per la prima volta il racconto della Consuelo sembrava sorprenderlo.

Da un cassetto della credenza, la ragazza tirò fuori una pagina strappata di giornale.

«Non l'ho più vista da allora».

Il ritaglio passò di mano in mano. Fu Juanca a rompere il silenzio.

«Perché le tieni ancora la stanza?».

«Ci sono tutte le sue cose... magari torna...».

«E con l'affitto come fai?».

«Ho venduto qualcuno dei dischi».

Pausa.

«E il violino».

Stavolta fu Carvajal a parlare:

«Hai fatto bene. Ti dispiace se mi fermo io per qualche giorno?».

«Non c'è problema» rispose la Consuelo, sollevata.

«Scusate, io devo andare» fece Juanca, strisciando la sedia per terra mentre si alzava. «Già che ci sono, mi porto via i quadri della stanza. Sono miei».

[Dal quotidiano «Diario», 15 giugno 2004]
México D.F. – L'omicidio è avvenuto nel tardo pomeriggio in uno studio medico della Calle dr Velasco, nella colonia Doctores. La vittima, la psichiatra Ana Guzmán Reyes, è stata strangolata da un paziente, Sergei Matikov, durante un appuntamento.

L'omicida partecipava a un programma di recupero per persone senza fissa dimora. Nell'ambito del programma frequentava regolarmente lo studio della dott.ssa Guzmán. Dai database dell'organizzazione umanitaria Corazon Azul risulta di nazionalità russa, anche se il nome non compare nei registri della polizia di frontiera. Gli inquirenti sono in attesa di una conferma da parte degli uffici consolari.

L'identificazione del colpevole è stata possibile grazie ai numerosi testimoni che l'hanno visto darsi alla fuga e hanno fornito una dettagliata descrizione alla polizia. L'appuntamento con Matikov figurava nell'agenda della vittima e il personale di Corazon Azul ha confermato l'identikit.

A diciotto ore dai fatti, Matikov è ancora latitante. Secondo gli inquirenti è fuggito a piedi, non possiede documenti e non può contare sull'aiuto di nessuno. Ma nella massa di senzatetto che affollano le strade della capitale, è come un ago in un pagliaio.

Tre anni prima, a Valencia.

«Da mesi, quasi tutte le notti,» gli aveva detto Nina «sogno te che mi strangoli».

E lui, Carvajal, cosa poteva rispondere?

«Sei tu che me l'hai chiesto» aveva continuato Nina, i begli occhi cadenti fissi sulla sigaretta che si stava rullando.

Un ciuffo di tabacco le era caduto sul tavolino senza che se ne accorgesse.

Il bar si affacciava su una via affollata. Un paio di tavolini sul selciato, il rumore di fondo dei pedoni. Nina e Carvajal erano seduti di fronte, abbastanza lontani da non potersi toccare.

«Nina… dimmi, cosa vuoi da me ancora?».

Nina stava accendendo la sigaretta, la pietra dell'accendino faceva i capricci.

«Mi sembra che ci mettiamo troppo» aveva continuato Carvajal. «Tu insisti a dire addio a uno che si è già abbondantemente accomiatato».

Finalmente la punta della sigaretta aveva preso fuoco.

«Gaspar…».

Nina aveva l'aereo tre giorni dopo. Chissà quando, chissà se l'avrebbe rivista.

Carvajal ripiegò il ritaglio di giornale e se lo infilò in tasca. L'indirizzo era giusto.

L'edificio spiccava tra quelli adiacenti perché era l'unico a svilupparsi su tre piani. Una palazzina nuda, salvo le inferriate robuste alle finestre e l'insegna accesa di una *papelería*. Carvajal attraversò la strada, oltre le macchine in coda al semaforo e la clientela di un venditore di manghi, sul marciapiede. Lo studio della dottoressa era al pianoterra, ingresso indipendente. Impossibile sbagliare, bastava sporgere il braccio oltre i nastri dei sigilli per toccare il vetro e il metallo del portoncino. Spinse delicatamente, si muoveva sui cardini.

Ma per il momento c'era troppa gente. Meglio non rischiare. Sarebbe tornato più tardi, con il buio.

La notte dell'8 dicembre, Carvajal tornò a piedi alla calle dr Velasco. Lungo i marciapiedi disertati dalla gente del quartiere, molte ore dopo il tramonto.

Per entrare gli bastò spingere la porta e scavalcare i sigilli. La polizia non era andata per il sottile, al momento di forzare la serratura. Carvajal si orientò a tentoni nell'ingresso buio, poi si decise ad accendere la lampadina tascabile. Giusto il tempo di aprire le tende per lasciar entrare la luce dei lampioni.

Un chiarore argentato si riversò nello studio: tanto le pareti quanto il mobilio, e le piastrelle del pavimento, si manifestarono nelle gradazioni del bianco. Carvajal tossì. La polvere gli pizzicava la gola.

In un angolo della stanza, i resti di un giaciglio di cartone: qualcuno doveva aver approfittato dell'appartamento vacante. Eppure non c'erano tracce di furto. Il fermacarte sul tavolino basso, la lampada a stelo, le stampe alle pareti dell'anticamera sembravano essere tutte al loro posto, perché erano coperte dallo stesso strato sottile che si era depositato sugli scacchi del pavimento e sulla carta da parati.

Dall'anticamera, Carvajal passò allo studio vero e proprio. La stanza non aveva altre aperture se non una finestrella che doveva affacciarsi sul cortile interno. Carvajal puntò la lampadina tascabile: prima sulla grande scrivania, poi sulla poltrona e sulle due sedie destinate ai pazienti. Si avvicinò agli scaffali della libreria, scorse i volumi di letteratura clinica. Incorniciato sul muro opposto un dettaglio coloniale da Diego Rivera. A un angolo della scrivania, una lampada da tavolo con il paralume a conchiglia.

Un rumore dall'anticamera. La porta di ingresso cigola.

Carvajal si voltò. Nel movimento repentino urtò una sedia, che si rovesciò a terra. Silenzio, poi la porta esterna che sbatteva. Carvajal si affacciò sulla soglia della stanza, in tempo per vederla oscillare un'ultima volta sui cardini.

Gli sembrò prudente lasciare lo studio. Avrebbe proseguito l'indomani.

Al centro dell'altarino nella cucina della Consuelo campeggiava una statuina in plastica lucida della Santa Muerte. Ai suoi piedi la ragazza aveva deposto – come offerta – un sigaro, un rosario e una banconota da 1000 pesos, su cui gocciolava la cera delle candele.

«Vieni» disse a Carvajal.

Lo portò sotto l'altare, con le dita grassocce gli bagnò la fronte di mezcal. Recitò per lui una benedizione incomprensibile.

«Credimi, Gaspar,» gli disse poi con la voce che le tremava «nel momento stesso in cui il Russo ha varcato la soglia di questa casa, la candela di Nuestra señora si è spenta».

E gli raccontò strane storie, storie incredibili dal sapore azteco.

[Dall'archivio della dottoressa Guzmán. Serie: Sergei Matikov. 7 giugno 2004]

«*Che cosa mi dice di Corazon Azul?*».

«*La residenza?*» fece il Russo, quasi stupito. «*Sempre meglio della strada, è vero. Ma dubito che la rimpiangerò. La residenza puzza. A volte mi viene paura che mi si attacchi l'odore. Lo Zoppo puzza di piscio perché se la fa addosso. Miguel il portoghese si nasconde le merendine in tasca, finché non fanno i vermi. Il Maricón puzza di sperma... Yona puzza di topo. Perché cammina come un topo, mangia come un topo, scappa come un topo...*».

La seconda notte – quando Carvajal aveva già passato un'ora nello studio, frugando la biblioteca della dottoressa – la porta dell'ingresso cigolò ancora.

Stavolta Carvajal si limitò a spegnere la lampadina tascabile. Buio pesto. Passi dall'anticamera. Carvajal si schiacciò contro gli scaffali e allungò la mano verso la scrivania in cerca di qualcosa da impugnare. Al suono delle dita che urtavano il paralume, i passi si interruppero. Carvajal trattenne il fiato. Nell'altra stanza il movimento riprese, sempre meno timidamente. Adesso era uno strusciare di cartoni, un rumore di carta di giornale spiegazzata. Il giaciglio sul pavimento. Poi, come dopo un ripensamento, i passi si rivolsero verso lo studio.

Quando una sagoma esile comparve sulla soglia della stanza, Carvajal ebbe un attimo di esitazione. Ma il braccio ormai era alto, e la lampada si abbatté sulla figura striminzita, che ebbe appena il tempo di proteggersi la testa.

[Da una mail di Gaspar Carvajal alla sorella Trinidad, scritta a Città del Messico il 9 dicembre e da lei ricevuta a Siviglia] *La dottoressa Guzmán, il Russo. Sento che la direzione* è quella *giusta.*

Credo di non essere l'unico a frequentare clandestinamente lo studio. La scorsa notte devo averlo spaventato. Che si sia arreso? Può avere intenzioni ostili? Ad ogni modo non posso permettermi di cedere terreno.

Per il resto, passo le ore del giorno qui, nell'appartamento della San Rafael, in quella che è stata la stanza di Nina. Dormo e aspetto. Ho sognato più volte il serpente piumato Quetzalcóatl, come nei racconti della Consuelo.

«Chi sei? Che vuoi?» sibilò Carvajal all'ometto crollato per terra. Con la lampada ancora in pugno, lo sovrastava completamente.

«Io? Nessuno, nessuno, nessuno... Cioè, sono Yona».

«Yona».

«Yona. Sono Yona».

«E perché sei venuto?».

«Sono Yona, della residenza, dottoressa. La residenza è chiusa. Però io ho appuntamento con la dottoressa. Sono Yona... Dottoressa?».

[Dall'archivio della dottoressa Guzmán. Serie: appunti. 10 giugno 2004]
«Tra i pazienti del programma Corazon Azul, Yona Sanchez in particolare sembra risentire dell'ascendente tenebroso di Matikov. Le proiezioni fantasmatiche della "foresta" si sono intromesse prepotentemente nell'immaginario paranoico di Sanchez, che adesso non fa che ripetere ossessivamente i nomi di Columbus, del Bicho, dell'Andaluso e dell'Inglese... I personaggi dei racconti di Matikov sono diventati la sua ossessione... Mi chiedo se non sia il caso di allontanare Matikov dalla residenza».

La residenza Corazon Azul era stata chiusa, gli occupanti dispersi, e nessuno si era preoccupato di avvertire Yona della fine della psichiatra. Così era tornato allo studio, si era infilato tra i sigilli della polizia e visto che dentro non c'era nessuno aveva pensato bene di mettersi comodo e aspettare.

Quando Carvajal gli chiese se aveva mai conosciuto un russo, un certo Matikov, Yona si rimise a piagnucolare e ci volle un'altra mezz'ora per calmarlo.

«Io ho appuntamento con la dottoressa» continuava a ripetere.

«Calma. La dottoressa Guzmán non lavora più qui. Adesso qui ci lavoro io. Sono il dottor Carvajal».

«Non è vero. Non è vero».

«Sì che è vero».

«Allora, se sei un dottore, devi accendere la telecamera».

«Quale telecamera?».
«Quella».
«Dove?».
«Lì».

L'ometto stava indicando la cornice allungata che occupava il muro di fronte alla libreria: il dettaglio di Rivera, con il francescano grasso che aspergeva l'indio di acqua santa. Yona si avvicinò, infilò le dita dietro il bordo della cornice. Con uno scatto, la stampa ruotò docilmente su un cardine segreto, scoprendo un piccolo vano ricavato nella muratura della stanza.

Yona si rassegnò al fatto che la dottoressa non sarebbe tornata. Carvajal gli disse che poteva restare, ma lui ripiegò dignitosamente i cartoni del giaciglio e sparì nella penombra del marciapiede.

Il vano dietro la cornice conteneva una videocamera orientata verso lo studio, un videoregistratore collegato a un piccolo televisore da tavolo e una poderosa raccolta di nastri, tutti etichettati e catalogati. Quanto ci avrebbe messo a trovare quello che stava cercando?

La sera successiva, approfittando del vecchio computer della Consuelo, scrisse un'ultima mail alla sorella Trinidad. Poi lasciò la stanza della colonia San Rafael, che aveva occupato per due sole notti. Si portò dietro la coperta a righe che aveva lasciato Nina, la sua coperta messicana. Alle tre di notte dell'11 dicembre sgusciò tra i nastri di plastica dei sigilli.

[Da una mail di Gaspar Carvajal alla sorella Trinidad, scritta a Città del Messico il 10 dicembre e da lei ricevuta a Siviglia]
È il terzo trasloco in quattro giorni, ma poco male. Segno che la ricerca avanza.

Al primo esame della scorsa notte, l'archivio della dottoressa si è rivelato una fonte preziosa. Sono sicuro di poterne ricavare informazioni utili sul percorso della fuga di Sergei Matikov, il Russo, e probabilmente di Nina.

La perquisizione della polizia deve essere stata piuttosto sciatta, se il vano segreto non è stato scoperto. La Guzmán ci teneva a tenerlo nascosto... questioni di codice deontologico? Nel cassetto della scrivania ho trovato anche un controllo remoto: una sorta di telecomando per azionare la telecamera, che poteva riprendere anche con la cornice chiusa, attraverso un forellino nella carta stampata. All'insaputa del paziente. E Yona, come lo sapeva? Yona il derelitto, il più docile... con lui ogni precauzione doveva sembrare superflua.

Nella telecamera ho trovato il nastro dell'ultimo appuntamento della dottoressa. Quello del 14 giugno con Sergei Matikov. Il resto dell'archivio è ordinato scrupolosamente per paziente, più una serie etichettata «Appunti» in cui la Guzmán tira quotidianamente le somme delle sedute.

[Dall'archivio della dottoressa Guzmán. Serie: Nina Morelli. 19 aprile 2004]
«*Venire in Messico è stato facile. Tenere Elsa a distanza è stato facile. È facile attaccarsi alla cosa di cui ti importa di meno. Per un po' di tempo stare con Juanca è stato facile. Ma adesso che si è avvicinato anche lui... per esempio, non ho più tanta voglia di accompagnarlo a Guadalajara. La coca diventa un'occupazione seria, e presto la cosa più facile sarà lasciarlo*».

Pausa.

«È *questa che chiamo voglia di perdersi... mi capisce?*».

Era il terzo video della serie di Nina. Il nome del Russo compariva per la prima volta nell'ottavo, del 10 maggio. Da allora

Nina lo citava sporadicamente ma regolarmente in tutte le registrazioni successive, fino all'ultima dell'8 giugno.

Carvajal si era installato alla scrivania della dottoressa. Nelle prime ventiquattro ore aveva visionato centinaia di metri di nastro. Anche di giorno le tende chiuse gettavano lo studio in un'oscurità lattiginosa, che si adattava bene alla casa di una morta.

La seconda notte, Carvajal ricevette una visita da parte di Yona. Il piccoletto sembrava deluso di vederlo, ma accettò comunque di portargli qualcosa da mangiare in cambio di un biglietto da 100 pesos.

All'alba del secondo giorno, Carvajal passò alla serie etichettata: Sergei Matikov.

[Dall'archivio della dottoressa Guzmán. Serie: Nina Morelli. 12 maggio 2004]
«*Se ci fosse un mondo come la foresta di cui parla Sergei, mi chiedo quale forma prenderebbe il mio demone. Sono sicura che non sarebbe mostruoso, forse nemmeno antropomorfo. Mi piace pensarlo leggero, il più volatile possibile. E il più possibile autosufficiente*».

«*E se le dicessi che l'entrata è sotto la piramide? Sotto il tempio del sole e della luna?*».

«*Direi, signor Matikov, che oggi le va di prendermi per il culo*».

Carvajal fermò il video, si stropicciò gli occhi. Era la terza notte che passava nello studio. Verso le sei del pomeriggio aveva finito il primo giro della serie Matikov e aveva deciso di dormire qualche ora. L'aveva svegliato Yona, di soprassalto, nel cuore della notte. Yona il Topo. Gli aveva portato da mangiare di propria iniziativa, eppure aveva teso la mano come se avessero un accordo di lunga data. Carvajal lo onorò con un altro biglietto da 100.

Erano le due del mattino. Dopo aver mangiato il panino di Yona, Carvajal si sedette alla scrivania e premette il pulsante d'accensione sotto lo schermo del televisore. La solita luce pallida gli investì il viso.

La serie Matikov era poco più lunga di quella etichettata: Morelli. Cominciava a febbraio del 2004 e finiva il 14 giugno, giorno dell'omicidio della dottoressa. Sei mesi prima.

[Dall'archivio della dottoressa Guzmán. Serie: appunti. 10 giugno 2004]
«*La direzione del programma Corazon Azul lamenta una certa tensione alla residenza. Non mi stupirebbe se avesse a che fare con l'irrequietudine di Matikov. La sintomatologia presenta paralleli evidenti con un quadro di astinenza, anche se gli esami tossicologici hanno dato risultati negativi. Il paziente è nervoso, sempre più spesso sarcastico. Il desiderio di Matikov di "tornare alla foresta" – a un'indefinita per quanto dettagliata età dell'oro, a metà strada tra infantilismo e delirio di onnipotenza – potrebbe svilupparsi in direzioni difficili da prevedere. Ho raccomandato particolare attenzione ai sorveglianti della residenza*».

Tre anni prima, a Valencia.

Nina lo guardò oltre i bicchieri vuoti sul tavolino. Gli disse che non voleva sporcare un bel ricordo, che non voleva intorbidire un bel momento.

Ma non vedi, amore mio, che le cose si sporcano da sole, a modo loro, senza bisogno che muoviamo un dito?

[Dall'archivio della dottoressa Guzmán. Serie: Sergei Matikov. 14 giugno 2004]
La dottoressa sedeva nell'angolo destro dello schermo. Con le unghie del pollice e dell'indice, tormentava una pellicina

che spuntava dal bracciolo della poltrona. Un gesto scattoso, irrequieto, che si accordava male con il consueto aplomb della psichiatra. La voce, d'altro canto, non tradiva nessun cedimento.

«*Per questo è fondamentale che si renda conto che il nostro rapporto – professionalmente, intendo – non ha nulla a che vedere con i miei eventuali giudizi morali. Stiamo lavorando su un piano completamente diverso*».

«*Dottoressa, capisco che lei cerchi di giustificare le mie azioni. Questo perché non ha visto il demone piumato che mi copre gli occhi con le dita e guida la mia mano*».

Finito di parlare, il Russo si raccolse nella sedia, come assorbito dai ricordi. Ma era solo per scattare il secondo successivo, superare con un salto la scrivania e abbattersi con tutto il proprio peso sulla psichiatra. La poltrona di pelle nera si ribaltò. La testa della dottoressa Guzmán uscì fuori campo, insieme alle mani e agli avambracci – ma non al viso intento – di Sergei Matikov.

Con le dita della mano sinistra, Carvajal si grattava la barba di cinque giorni.

«*La foresta non ha limiti,*» diceva il Russo dallo schermo «*ma confina con il mondo di fuori. E lungo questi confini ci sono delle vie di accesso*».

Intanto si sventolava la faccia con un rettangolo di carta marrone ripiegata. Un volantino?

«*E dove?*».

«*Dottoressa, mi creda. Lei non è il tipo. Senza sapere certe cose, starà meglio*».

Non era strano che si sventolasse. Il video era di fine maggio: doveva fare un caldo abominevole.

«*Quanta premura...*».

«*E se le dicessi che l'entrata è sotto la piramide?*» diceva il Russo. Poi con il volantino arrotolato a cannocchiale guardava la dottoressa, la faccia seria, grave, teatrale. «*Sotto il tempio del sole e della luna?*».

A Carvajal sfuggiva ancora qualcosa.

«*Direi, signor Matikov, che oggi le va di prendermi per il culo*».

Va bene, si diceva Carvajal, ma dov'è l'ironia?

Mise in pausa la riproduzione. Fuori faceva buio e come tutte le sere calava il freddo peggiore. Carvajal rabbrividì. Si alzò dalla poltrona per andare a cercare la coperta a righe. Eccola, sul divano dell'anticamera.

Cominciava ad avere fame. Sorrise al pensiero che se non passava Yona gli sarebbe toccato ordinare a domicilio. Sul conto del morto. Gettò uno sguardo all'espositore pieno di pubblicità, sul tavolino basso dell'anticamera...

Allora lo vide.

Era un volantino marrone, rettangolare:

Messico Magico.

Scopri gli Incomparabili Benefici del Flusso di Energia Cosmica.

Visita i Luoghi Mistici del Messico.

Poi, in corpo grande:

La Piramide di Pocazteco.

L'Antico Tempio del Sole e della Luna.

2. Sotto la piramide, il matorral

La casa e la bottega di doña Esther si trovavano proprio all'entrata di San Miguel de Pocazteco, all'imbocco della strada sterrata che saliva attraverso i campi di mais dall'abitato di Hidalgo, tra i nuvoloni di polvere che i contadini imbavagliati e le loro bestie sollevavano con l'aratro.

All'altezza delle prime case, la strada era invasa da un nugolo di polli e di tacchini. Una vecchia si affacciò da un cortile. Carvajal fece appena in tempo a parlarle, prima che si richiudesse la porta alle spalle.

«*Disculpe, señora!*».

«Buongiorno».

«L'*albergue* di doña Esther».

Con un gesto dubbioso, la donna indicò la capanna di vecchie assi dall'altro lato della sterrata. Sotto una tettoia di lamiera, accanto a una porta chiusa, era inchiodata una targa di metallo nuova fiammante: Coca-Cola in bianco su fondo rosso. Tra l'erba secca, il legno delle case, la strada polverosa, era l'unico oggetto che riverberasse il sole con una certa violenza.

All'ombra della tettoia, Carvajal si sfilò lo zaino e bussò. Una voce rispose da dentro. Poco dopo si aprì l'anta superiore della porta, rivelando l'interno di una botteguccia e il viso grinzoso di doña Esther.

«*A la orden*» disse la vecchia facendosi di lato per non nascondere la merce.

Alle sue spalle una porta aperta dava direttamente sul cortile, dove il cane della famiglia aveva smesso di abbaiare a una gallina per osservare il nuovo arrivato. Se ne stava accucciato sulla soglia e di tanto in tanto scopriva i denti senza ringhiare, quando era sicuro di non essere visto dalla padrona.

[Dal quaderno verde di Nina]
Ho lasciato gli altri quaderni del diario nel vecchio magazzino di Hidalgo, dove abbiamo passato la notte scorsa. Ma l'abitudine di scrivere è troppo forte. Anche stasera riempirò qualche pagina, che domani dovrò abbandonare qui.

Sergei dice che è molto meglio tentare di mattina. Per questo, ultima tappa a San Miguel. Anche se la meta è vicinissima. Ormai ci resta poca luce.

Più ci allontaniamo da Città del Messico, e più mi sembra verosimile l'idea che all'inizio avevo creduto quasi per capriccio, o per una fiducia istintiva che ancora non capivo completamente (e mi dicevo che anche quelli erano gli effetti della vicinanza di Sergei).

Ma adesso che sprofondiamo nella polvere della provincia, in questa campagna dalle ombre lunghe e dense, sento una nostalgia sconosciuta che mi sgorga dal fondo dello stomaco. Ci accingiamo anche noi ad abbandonare il mondo dei vivi? Di cosa ci minaccia, che cosa ci promette la foresta?

L'offerta della casa consisteva in un paio di uova al tegame, accompagnate da tortillas e fagioli rifritti.

«È venuto per la piramide?» aveva chiesto doña Esther mentre scodellava un altro mestolo di fagioli.

L'aveva fatto sedere al tavolo della cucina, tra la stufa a legna e i sacchi di mais che occupavano tutto il lato lungo della stanza. Nonostante il fuoco acceso, al riparo dal sole l'aria era fredda e tagliente.

Carvajal masticava e annuiva.

«Di solito i turisti passano tutti da Valparaíso, dalla strada buona. Qualcuno però si ferma ancora qua. Il mese scorso, per esempio, tre ragazze sono rimaste una settimana. Andavano in giro senza scarpe e dormivano in una tenda nel cortile di doña Rosario, e tutte le mattine si sedevano al sole, a gambe incrociate, con gli occhi chiusi anche per un'ora. Il figlio di don Agapito, che ha fatto le scuole a Cuernavaca, diceva che forse erano guaritrici. E infatti mio marito, Pepe, che da due mesi non dormiva la notte per il male alle ginocchia...».

[Dalla lettera che Carvajal scrisse da San Miguel a sua sorella Trinidad, ma che non le spedì mai]
Continuo a cercare, sorellina. La traccia del Russo mi ha portato fin qui. Aspetto i segni del passaggio di Nina.

Eppure... La piramide di Pocazteco sarà anche uno dei centri magici del Messico, ma i suoi frequentatori hanno ben poco del magnetismo terribile di Sergei Matikov.

Da San Miguel, il sentiero risaliva il fianco meridionale della collina verso la piramide santuario, nella gola di Pocazteco. Proseguiva sottile ma ben calpestato fino alla base della rupe, poi si trasformava in una scalinata di pietra antica che zigzagava tra gli ultimi alberi di pino. Da quell'altezza si dominava già tutta la vallata, e i campi arati oltre San Miguel, verso Cuernavaca. Il paesaggio era sferzato da un sole furibondo, tanto i solchi paralleli dei campi quanto le chiazze di arbusti verde cupo, piccole o grandi, che ricoprivano i terreni più accidentati. Più in alto il sentiero cominciava a incunearsi nella gola, la grande spaccatura che deturpava la fronte della collina.

Carvajal si inumidì con la lingua le labbra secche e, facendosi schermo con la mano, seguì con gli occhi la linea del canalone prima di proseguire il cammino. Man mano che la pendenza si addolciva, che le pareti dapprima verticali si facevano meno impervie, una vegetazione di pini nani ricominciava a occupare i lati del sentiero.

Gli altri visitatori, adesso, erano sempre più frequenti. Ne superò una decina ammassati in un'ansa della salita, ad ascoltare una specie di guru cinquantenne che predicava in inglese.

Poi, dietro uno sperone di roccia, comparve finalmente la piramide di Pocazteco. La costruzione occupava una nicchia naturale nel versante nord della collina, protesa verso la piana di Valparaíso in direzione del mare. Salvo per le macchie di muschio sui gradoni, si ergeva arida e solitaria tra le agavi sparute che le crescevano ai piedi, bruciata come quelle dal sole di mezzogiorno. Carvajal si sentiva in bocca il sapore della polvere, non sapeva se inghiottire o sputare.

Tolto un piccolo commerciante di Acapulco che diceva di venire ogni sei mesi per caricarsi di energia positiva, tolto un sedicente stregone zapoteco che vendeva piccoli *nahual* di latta, la maggior parte dei visitatori erano europei abbrustoliti dal sole, che a giudicare dal diametro dei polsi dovevano praticare con poco successo l'alimentazione pranica.

Un manipolo di esoteristi era arrivato al seguito di un gigante ammantato e magrissimo, che portava una piuma tra i lunghi capelli neri. Si erano disposti da est a ovest, avevano alzato la testa, l'avevano abbassata, avevano mormorato e cantato finché il capo non si era illuminato in volto, colpito da un'improvvisa rivelazione.

Intanto Carvajal passava il pomeriggio seduto ai piedi dei gradoni, in attesa che qualcosa – ma non sapeva bene cosa – attirasse la sua attenzione.

Il cielo stava cambiando. Grandi nuvole scure si addensavano a nord-est, dalla parte del mare. Il sole era calato oltre le rocce della gola, proiettando ombre che si intersecavano con quella della piramide senza nessun disegno intellegibile. Carvajal ricordò di aver letto di una montagna fantasma, che una volta all'anno compare all'intersezione dei coni d'ombra tra le montagne più alte del Messico...

«Palenque, Teotihuacan, Tepoztlán,» contava sulle dita un vecchio hippie vestito con un gilet di pelle «Cholula, Comalcalco, Bonampak e adesso il Pocazteco. Sette piramidi in un mese, per caricarmi di energia prima di tornare a Montreal. Ma un flusso come questo... *There's nothing like Pocazteco*».

Dall'orizzonte, i bagliori dei lampi si facevano sempre più vicini e più elettrici.

Possibile che Nina, si chiedeva Carvajal, possibile che Nina sia passata da qui?

Il temporale scoppiò quando era a metà discesa verso San Miguel. Carvajal chiuse il cappuccio della giacca e affrettò il passo. Aveva ancora un po' di tempo prima che il sentiero si trasformasse in un pantano.

All'entrata di San Miguel fu accolto dal latrato dei cani.

[Dal quaderno verde di Nina]

*È strano, i cani di San Miguel non abbaiano a Sergei. Mentre io non posso affacciarmi alla porta dell'*albergue *senza scatenare un concerto di latrati.*

Sergei dice che è meglio provare di mattina (ci servirà una giornata intera di luce per trovare un rifugio sicuro). Dice che i paria della zona cacciano col buio, e noi per i primi tempi saremo ancora vulnerabili. Il demone piumato avrà bisogno di nutrirsi, di riprendere le forze. Quanto a me, sarò poco più che un pulcino bagnato.

È così: quando anche il mio demone si sarà svegliato, saremo percorritori nella foresta. Cacciatori o prede.

Nella foresta, fuori dalle colonie dei percorritori, non c'è altra regola se non la fame dei paria e dei loro demoni sbandati. Quelli che vivono da soli come derelitti, nutrendosi gli uni degli altri.

Non riesco ad addormentarmi. Sono spaventata ed euforica.

Nella cucina di doña Esther, su uno sgabello a metà strada tra la stufa e la porta, un vecchio sedeva avvolto in un poncho di lana pesante. Era Pepe, il marito della padrona.

Fuori era venuto buio. Cadeva ancora la pioggia, ma più stanca.

Carvajal, intirizzito, raccoglieva resti di crema di fagioli con l'ultimo lembo di tortilla.

«Pepe!» fece doña Esther provocando un sussulto del vecchio. «È pronta la stanza di don Gaspar?».

Il vecchio si riscosse.

«È pronta... è pronta...».

«Una domanda, doña Esther...» disse Carvajal spingendo la sedia sotto il tavolo. «Forse cinque mesi fa, forse sei, è passata da San Miguel una coppia di stranieri. Lui, alto, scuro, con una cicatrice così. Lei italiana».

Doña Esther esitò. Poi scosse lentamente la testa, rabbuiata, contraendo gli angoli della bocca.

«Da questa parte don Gaspar» gli fece strada Pepe, appoggiandogli una mano sul braccio. «Si è fatto tardi».

Uno sbuffo, o un brivido, gli fece fremere il folto dei baffi.

[Dalla lettera che Carvajal scrisse da San Miguel a sua sorella Trinidad, ma che non le spedì mai]
P.S. Finalmente riconosco l'impronta velenosa del Russo. Nel silenzio dei vecchi, nella loro reticenza. Sono sulla strada giusta. Conto di percorrerla fino in fondo.

Perché ti scrivo tutto questo, Trini? Credo a modo mio di essere in cerca della tua approvazione.

Tuo fratello Gaspar

L'unica camera dell'*albergue*, dove il vecchio l'aveva accompagnato dopo cena, era una stanzetta di assi grezze ma ben connesse, addossata al fianco della cucina.

Carvajal si svegliò poco dopo mezzanotte. La pioggia era finita. Qualche casa più in là, un gallo stava cantando.

Visto che non riusciva a riprendere sonno, si avvolse la coperta intorno alle spalle e andò ad affacciarsi alla finestra. Era sudato. Quale forza, si chiedeva, sta risvegliando in me questa forza?

E pensava che fantasmi invisibili dovevano aggirarsi per le strade di San Miguel. Come spiegare altrimenti i latrati dei cani, i canti notturni dei galli, quell'urgenza che sentiva anche lui – e forse sentivano anche gli altri – di uscire sulla porta, ululare, ascoltare in risposta altri ululati umani.

Carvajal fece un passo verso il centro della stanza, a tentoni accese la candela. La lettera per Trinidad era piegata sul tavolino, accanto allo zaino aperto.

Si mise a sedere sul letto. Si guardò intorno, in cerca di non sapeva cosa. Aprì il cassetto del comodino: dentro c'era un quadernino verde.

[Dal quaderno verde di Nina]
*I due vecchi dell'*albergue *non ci amano.*

Sergei mi ha parlato dei naturali della foresta: le tribù indigene, che ci vivono da sempre senza che il demone si risvegli in loro. Più antichi degli stessi percorritori. Diffidenti come sopravvissuti. Chissà che non siano imparentati con qualche famiglia di San Miguel. È possibile. Siamo così vicini al confine...

Questa sera, dopo cena, ho avuto l'impressione che la Esther cercasse di mettermi in guardia da Sergei. Non sanno che mi ha allattata la tigre che si era mangiata mia madre. (Come diceva Gaspar).

È stato con la riforma agraria del '62, gli raccontava Pepe la mattina dopo, dalla sommità della collina. Il governo distribuiva le terre intorno a Cuernavaca. Parcelle piccole, un ettaro o due, che gli assegnatari hanno rivenduto quasi subito. A Mario Gonzales, di Cuaótl, o alle compagnie del mais. Gli unici a non vendere furono i Mariscano. Non hanno mai venduto, ma non hanno nemmeno mai piantato. Sembrava che con la terra non sapessero che farci.

Guardi, di là. È quella mezzaluna di terreno incolto, verso Hidalgo. Dove si interrompono i campi dell'*ejido*. Una mezzaluna di matorral che finisce alle prime case. È la proprietà dei Mariscano, che non escono mai e non lasciano entrare nessuno. Saranno due generazioni che vivono così, Dio solo sa se non si accoppiano tra loro.

E guai a chi sconfina. L'ultima volta è successo l'anno scorso: erano due ragazzi di San Miguel che si erano attardati a Hidalgo per la festa. Per disgrazia, sulla via del ritorno, hanno deciso di tagliare per il matorral dei Mariscano. Li hanno trovati morti la mattina dopo, fatti a pezzi, a colpi di machete. Ma contro i Mariscano non si mette nessuno. Sono animali. Pronti a farsi ammazzare prima di cedere. Anche la polizia ha lasciato perdere. Dicono che è meglio stare alla larga dal matorral.

Carvajal si era svegliato tardi. Si era svegliato stordito e rotto. Per prima cosa aveva allungato la mano a cercare il quaderno verde di Nina, che era ancora aperto sulla metà non disfatta del letto.

Poi attraverso il cortile era passato in cucina, dove aveva trovato doña Esther già indaffarata intorno ai fornelli. La donna gli aveva preparato una tazza di cioccolata, pescando la polvere da un barattolo di marca che aveva l'aria di essere lì solo per gli ospiti.

Poi si era rimessa a girare il mestolo nella pentola grande, gettandogli un'occhiata pensierosa di tanto in tanto, mentre Carvajal faceva colazione. Solo dopo qualche minuto si decise a parlare.

«Don Gaspar?».

Carvajal alzò la testa.

«Don Gaspar? Permette una parola? Lo so che non mi riguarda, però mi sento in dovere... almeno di avvisare. Sì... lei che mi sembra una brava persona. Lei, don Gaspar, non è come lo straniero, quello della cicatrice. Perché vuole prendere quella strada? È una cosa da disperati, don Gaspar. Solo i disperati cercano da quella parte. Se lei è malato, se le è successa una disgrazia, provi piuttosto la piramide. Provi a tornare alla piramide... tanti turisti ci vengono apposta. Anche mia cognata, la Pilar, che il mal di schiena non la lasciava vivere...».

[Dal quaderno verde di Nina]
Se non sapessi quanto siamo vicini, mi basterebbe guardare Sergei. Vederlo rifiorire, desiderare, anelare. Mi sembra circondato da un'aura luminosa (lo dico impropriamente, so che per l'aura del demone non è ancora il momento).

Lascio il quaderno qui, nel cassetto. Insieme a tutto il resto.

«Adesso stia bene attento. Lei prende la scorciatoia fino al pino» proseguì il vecchio Pepe indicandogli la strada. «Poi continua a scendere per i campi di mais. È vero che è più lungo ma mi creda, ha tutto da guadagnare».

«*Muchas gracias*, don Pepe» rispose Carvajal aggiustandosi lo zaino sulle spalle.

«E soprattutto non le venga in mente di passare per il matorral!».

In fondo alla discesa, in lontananza, la mezzaluna di arbusti si ritagliava verde contro i campi coltivati.

«Ci starò attento» concluse Carvajal, e strinse la mano al vecchio per l'ultima volta.

Per rimettersi in cammino, aveva dovuto aspettare che il sole calasse. Aveva svuotato la stanza, nello zaino aveva infilato il quaderno verde di Nina insieme alla lettera per Trinidad, che aveva rinunciato a spedire: non poteva rischiare che Trini venisse a cercarlo fin là, no, doveva davvero andare avanti da solo.

Doña Esther l'aveva salutato sulla porta, sussurrando una benedizione.

«Pepe» aveva gridato poi verso la stanza da letto. «Pepe, don Gaspar se ne va. Accompagnalo, fagli vedere la strada!».

Sotto la piramide, sotto il tempio del sole e della luna. Sotto, più sotto. Il matorral dei Mariscano. La soluzione adesso sembrava così evidente.

Il pomeriggio tardava a rinfrescarsi, mentre Carvajal scendeva la china da San Miguel in direzione di Hidalgo. La fronte gli si era imperlata di sudore. La maglietta contro lo zaino era umida. La bocca impastata.

Si chiese se aveva qualcosa addosso che potesse servire da arma, qualcosa con cui difendersi se fosse stato attaccato. Il coltello era nella tasca dello zaino... Ma poi sorrise della propria ingenuità. Perché non un machete, già che c'era...

Ad ogni modo sentiva che i pericoli a cui andava incontro riguardavano l'anima più che il corpo. Un danno spirituale, si disse, rendendosi immediatamente conto della vaghezza dell'espressione. Poi ripensò alla cicatrice che spezzava il sopracciglio del Russo e cambiò idea. Eppure...

Il sentiero scendeva dolcemente attraverso i campi di fave, costeggiato da due accenni di siepe. Poi, all'altezza di un grande pino, deviava decisamente a sinistra per evitare una macchia di vegetazione più fitta. Era il matorral, dove il terreno aperto dei campi cedeva il posto a un intrico di arbusti e alberi di piccola taglia.

Un caldo soprannaturale, pensava Carvajal avvicinandosi al bivio tra il sentiero principale e una traccia appena accennata che si addentrava nel più cupo del verde.

La foresta, il Russo... i Mariscano. Possibile che Nina riesca sempre a mettermi nei casini? Ci mancava soltanto una società segreta di mistici sclerotici. Porca puttana.

Ma quando arrivò al bivio, non esitò nemmeno per un secondo.

Parecchi metri più in alto, all'ombra della tettoia di legno, don Pepe aspettava la cena sfrondando un grosso ramo di abete. Glielo aveva portato Remigito, il pastore di capre, dai pascoli alti, perché ci facesse una trave da rinforzare la porta di ingresso.

Don Pepe era completamente assorto nel lavoro, non fosse stato per una punta di apprensione che gli era rimasta appesa tra la gola e lo stomaco. Si fermò, lasciò cadere il machete tra i trucioli. Era un uomo di esperienza e sapeva interrogare il proprio cuore: lo preoccupava quel giovane spagnolo, don

Gaspar. Gli aveva spiegato bene la strada per Hidalgo? Ripassò mentalmente le indicazioni che gli aveva dato all'uscita del paese, dalla collinetta. No, non si poteva proprio sbagliare.

Rasserenato, raccolse il machete da terra e riprese il lavoro da dove lo aveva lasciato.

Anziché respingere il calore del sole, la vegetazione del matorral sembrava aver trattenuto la parte più incandescente del giorno. Chi mai poteva vivere in un posto del genere?, si domandava Carvajal. Gli arbusti non erano abbastanza alti da fargli ombra, giusto quel tanto da sovrastarlo e nascondergli il sentiero oltre la curva successiva.

Dopo mezz'ora di cammino nella macchia, aveva la maglietta completamente zuppa di sudore. Sfilò una bottiglia dallo zaino, bevve un paio di sorsi.

Lo sorprese un colpo alla nuca, una vampata che gli esplose nella testa fino ad annebbiargli le pupille. Crollò senza avere il tempo di voltarsi.

E nel mezzo del matorral che era solo la porta di ingresso della foresta, che era solo la soglia, l'anticamera del Nuovo Mondo, Carvajal sognò un sogno caotico. Sognò la creatura caotica che si stava risvegliando in lui. Raccolse tutte le forze per avvicinarsi alla creatura, cercando di ignorare lo sgomento che gli aveva provocato quando trasformava tutti i cartelli del viale in pubblicità di bibite al limone. Ricacciò nel fianco ancora segnato il ricordo del morso che gli aveva dato per schernirlo. E al tempo stesso aveva bisogno di sapere, doveva sapere se anche prima, negli anni che aveva accettato di passargli accanto come una donna mortale, lei fosse stata sempre, nel più profondo, quel dio polimorfo, capace di scatenare contro una città innocente un'orda di mostri alti come torri, o di cuocere focacce per mesi davanti a una scuola, su un fornelletto di braci, per venderle a poco ai ragazzini, o di mutarsi in una specie di David Bowie dai denti aguzzi e dagli occhi sottili – ma con la pettinatura di sempre – e inspessirsi i tratti del contorno come un fumetto, solo per confonderlo e terrorizzarlo.

Parte seconda

Umano, meno che umano.

3. L'embrione

Quando Carvajal si svegliò, il torpore era troppo denso perché si accorgesse di avere i polsi e le caviglie legati. Stava seduto per terra, la schiena contro una superficie ruvida, probabilmente la corteccia di un albero. Non era certo di riconoscere la vegetazione bassa del matorral. Intorno era buio, gli occhi gli bruciavano. Un alito di vento gli portò una zaffata di fumo. Faticosamente piegò il collo, sbatté ancora una volta le palpebre. Illuminate da un debole bagliore, scorse tre sagome accovacciate intorno a un fuoco. Stavano bisbigliando.

«Tutti rami verdi,» sibilava una voce acuta e venata di rancore «hai preso di nuovo rami verdi. Indio Bruto! *Pinche madre que te parió*».

A parlare era stato il più piccolo dei tre. Una figura striminzita, bitorzoluta, patetica. Con le mani si portava alla bocca quella che poteva essere una pannocchia, o magari il cadavere abbrustolito di un roditore.

«Indio Feo! Feo! Povera mamma...» si lamentò la seconda sagoma con un gemito mal represso.

«Zitto Bruto! Devi fare piano» fece la terza figura sferrando un calcio all'uno e all'altro. «E tu, Indio Feo *de la chingada*, non lo fare piagnucolare».

«Ha preso tutti rami verdi,» riprese la voce acuta «solo rami verdi, ha preso. Ci vuole far trovare, ce li vuole tirare addosso».

«Non è vero, non è vero...».

«Indio Bruto! A te per primo ti porta via il Fraile. Così impari a prendere rami verdi. Ti chiude in una cella, ti fa marchiare una croce sul petto e una sul culo, e tutte le mattine viene un prete a salutare quella scimmietta del cazzo».

«No, no... Indio Feo!».

«Così impari a prendere rami verdi. Col fumo che fanno, è un miracolo se non ci trovano. Ma se ci arriva addosso il Tercio Viejo, credi che ti difendo, io? Col cazzo. Portatevelo via, gli dico, tanto a lui il deserto gli piace. Magari nel deserto un ramo secco lo trova. Ho ragione, Indio Bravo? O dobbiamo farci fottere per questo ritardato? Alla Montagna, al Deserto Rosso... se lo portassero dove gli pare. Oppure al Giardino, che tanto la faccia da porco ce l'ha già. Un porco con la scimmietta».

A furia di sgranare gli occhi cisposi, Carvajal cominciava a vederci meglio. Il più piccolo dei tre, quello che chiamavano Indio Feo, era completamente investito dal fumo, avvolto fino al collo in una coperta infeltrita da cui sbucavano le braccine e la testa schiacciata, senza collo. L'involto della coperta suggeriva una corporatura pingue, eppure i tratti del viso erano scarni.

«Indio Feo! No...» gli rispondeva il secondo, l'Indio Bruto. Era indubbiamente il più stracciato dei tre: portava una casacca macchiata, dal collo sdrucito, pantaloni troppo corti e un cappellaccio di paglia. Ciondolava il capo e intanto non smetteva di rosicchiare un osso di pollo o di coniglio, gli occhi spalancati sotto le lunghe ciglia infantili.

Il terzo, che sovrastava gli altri di almeno una testa, era intervenuto nella conversazione soltanto per richiamarli ferocemente all'ordine. Carvajal lo vedeva di fronte. Le spalle larghe si disegnavano sotto un poncho di pelle d'agnello. Mangiava il boccone migliore, una coscia di pollo che aveva ancora attaccata parecchia polpa, e masticava lentamente. Alla luce della fiamma, i lineamenti del volto si componevano in forme ampie e armoniche, di serena plasticità, non fosse stato per la linea del mento affilata e crudele. Il piccoletto l'aveva chiamato Indio Bravo.

Ma i bagliori del fuoco non bastavano a giustificare i riflessi sulla livrea dei tre animali che giravano loro attorno. Tra le gambe dell'Indio Feo andava e veniva una faina magrissima. Una scimmietta stava aggrappata alla spalla dell'Indio Bruto. Davanti al fuoco, ai piedi dell'Indio Bravo, sonnecchiava un lupo. Che fossero ammaestrati? E cosa dava al pelo del lupo quel colore bluastro, cosa tingeva di giallo e di verde le pellicce della scimmia e della faina?

Carvajal aveva avuto appena il tempo di chiederselo quando la faina si fermò di colpo, fiutò l'aria, puntò il muso aguzzo. Aprì senza suono le piccole fauci per mostrargli i denti, e allora anche gli altri due animali sembrarono accorgersi che qualcosa era cambiato. La scimmia lo guardava con curiosità, il lupo aveva aperto un occhio e allargato le narici.

Quando la faina verdastra cominciò a venirgli incontro, Carvajal sentì che non poteva sopportarne la vicinanza. No, non un metro di più. Cercò di strapparsi alla sonnolenza che gli impastoiava le gambe, cercò di puntare il gomito per alzarsi e scappare. Ma intorno ai polsi e alle caviglie aveva tre giri di filo di ferro. Allora perse l'equilibrio e cadde su un fianco. Adesso anche i tre uomini intorno al fuoco lo stavano guardando.

Vista da vicino, la faccia dell'Indio Feo era ricoperta di peluria fino agli zigomi. Il piccoletto lo stava osservando a una quarantina di centimetri. Carvajal cercò di rotolarsi per terra, non riusciva a sostenere quello sguardo. Sentiva un brivido profondo lungo la spina dorsale.

«Si è svegliato» disse l'Indio Feo. Ma adesso non lo guardava più in faccia. Non era a lui che si riferiva.

«*Míralo,*» fece l'Indio Bravo «dev'essere tenerissimo». Il lupo dai riflessi bluastri gli si strofinava freneticamente contro le ginocchia.

Carvajal sbarrò gli occhi e allora, per la prima volta, contro il nero del fondo delle palpebre, vide la creatura. Era una vita embrionale, un cuore che pulsava debolmente sotto un bozzolo rossastro. In più di un punto la pelle del baccello era così sottile da lasciar intravedere il contenuto: una caviglia ripiegata, un tendine, una ciocca di capelli o di pelo. Carvajal riaprì gli occhi terrorizzato e l'immagine sparì.

«Non ti preoccupare» gli disse l'Indio Bruto. Sembrava indeciso se toccarlo o no. «Che il demone ciccia ne ha, che non si consuma».

La creatura, il demone. I Mariscano.

«Siete i Mariscano?» provò ad articolare, ma aveva la bocca fin troppo impastata.

Una sensazione fredda, a metà tra il sonno e la disperazione, gli si abbatteva addosso. Non riuscì a evitare di chiudere gli occhi.

Stavolta accanto all'embrione c'erano anche la faina, la scimmia e il lupo. Giravano intorno al bozzolo in cerchi sempre più stretti, in una danza sempre più festosa. E Carvajal percepiva una corrente che lo svuotava, che da sé e dall'embrione si riversava inevitabilmente verso i tre animali fluorescenti.

Si sentì perduto.

Appena fuori dall'incubo in cui era costretto, la voce lontana dell'Indio Bruto gli diceva: «Non piangere».

Altrove, nella foresta.

Lontano dal matorral, il Russo si voltò nel paglericcio in attesa del sonno. Sazio. Da molto tempo non si sentiva così bene. Il piacere di predare gli si addiceva.

Pensò che aveva fatto bene a portare la ragazza. La ragazza l'avrebbe tenuto nascosto. Lui l'aveva aiutata, l'aveva protetta. Si era preso cura del suo passerotto, l'aveva lasciato schiudere e se ne era tenuto lontano. Ma ne era valsa la pena.

Nel porcile di Circe, la *duquesa*, grufolavano gli animali da preda. Numerosi, grassi. Il Russo pensò che aveva fatto bene a tornare nella foresta. Da molto tempo non si sentiva così sicuro.

Pensò che sarebbe bastato stare alla larga da Latitudine 0°. L'egemone non l'avrebbe trovato. Forse aveva anche smesso di cercarlo…

Ma il Russo sapeva che l'egemone, El Bicho, non dimentica. Il sonno lo abbandonò del tutto. Si alzò, si affacciò alla finestra della stanza per fiutare la notte.

Quel rito di predazione, quel pasto di sangue, si ripeteva regolarmente una volta al giorno. Subito dopo, quando Carvajal cadeva sfinito per terra, i tre Indios gli portavano da mangiare le stesse pietanze miserabili che preparavano per sé. Gli spingevano sotto il muso una pannocchia mezza spolpata, un topo o una ciotola con una poltiglia di insetti. Carvajal conserverà una memoria fumosa dei giorni – ma non saranno state settimane? – passati da prigioniero. Ricorderà che il cibo bastava raramente a calmare le fitte che gli strizzavano lo stomaco. Ricorderà di aver avuto sempre le mani legate, ma che per camminare gli scioglievano le caviglie. Ricorderà di aver ripensato spesso a una frase imparata molto tempo prima, da bambino: l'inferno è il luogo dell'assenza di Dio, è come se ti mancasse la mamma e sapessi che non tornerà mai. L'inferno è il luogo dell'assenza di Dio.

Carvajal spalancò gli occhi che era ancora buio pesto. Il fil di ferro gli segava la carne dei polsi, ma non era stato il dolore a svegliarlo.

Tra gli Indios e i loro demoni fluorescenti correva un'eccitazione febbrile. Nessuno dormiva. La faina verde si era arrampicata sulla spalla dell'Indio Feo e da lì affondava gli occhi nel buio.

«Spegnilo, spegnilo subito» ringhiò la voce roca dell'Indio Bravo.

Immediatamente l'Indio Bruto si gettò sui resti del fuoco, calpestò le braci con i piedi, le soffocò con una vecchia coperta.

«Ho paura, ho paura» piagnucolava, con la scimmia che gli pendeva dal collo.

L'Indio Feo gli mostrò i denti per zittirlo, si passò un pollice sulla gola.

«La sentite anche voi?» chiese l'Indio Bravo.

«È una presenza potente» assentiva l'Indio Feo. «Un'aura formidabile. Come è possibile... Qui? Nella terra di nessuno?».

«Rapidi» ordinò l'Indio Bravo abbandonando il punto di osservazione. «Dobbiamo spostare il campo. I fagotti».

«Cosa facciamo con lui?» chiese la voce lamentosa dell'Indio Bruto.

«Ce lo portiamo dietro. La preda è la preda».

L'Indio Bruto si avvicinò. Gli passò un pezzo di corda intorno al collo, a mo' di guinzaglio. Poi, controllandogli i legacci dei polsi, glieli allentò impercettibilmente. Non sarebbe bastato certo a sfilare una mano, ma almeno alleviava il bruciore delle piaghe.

Dal fondo della coscienza intorbidita, Carvajal non era nemmeno sicuro che l'avesse fatto apposta.

Altrove, nella foresta.

Il demone piumato digrignò i denti, spalancò le fauci in un urlo senza voce. E il Russo ne godeva in cuor suo. L'oscurità e la notte si addicono al predatore.

Certo, ma come sfuggire alla vendetta dell'egemone? Il Russo era inquieto. Dalla cima della collina osservava le luci delle fattorie sul pendio, come un lupo pronto a calare su un gregge.

Forse una maniera c'era. Inspirò profondamente, stese le dita.

Era quasi sicuro di averlo riconosciuto, ma non aveva potuto verificare. Troppo pericoloso. Troppo presto. Con la ragazza a cui badare. Eppure era quasi sicuro… Quando erano ancora nel matorral. Un sentore dell'aura di Columbus. Odore dell'Orbo. Maledetto.

La brezza della notte era pungente sulla collina. Il Russo avrebbe preferito l'aria infuocata di Latitudine 0°, sotto il trono sanguinario dell'egemone. Lontano dal cuore pulsante della foresta, si sentiva ancora come un esiliato.

Carvajal si trascinava a testa bassa, tra l'Indio Bravo che guidava il gruppo e l'Indio Feo che gli saltellava dietro per pungolarlo.

Viaggiavano soprattutto di notte. Il cibo cominciava a scarseggiare e la razione di Carvajal era stata la prima a ridursi. In compenso la faina, la scimmia e il lupo si nutrivano sempre più raramente della creatura embrionale. La fluorescenza che emanava dal pelo dei tre demoni si era affievolita, come per renderli meno visibili nel buio. Anche il dolore provocato dalla loro presenza era contenuto adesso entro limiti tollerabili.

Carvajal guardava bene dove mettere i piedi. Gli era già successo una volta di scivolare, ed era rimasto mezzo impiccato nel guinzaglio di canapa. Il terreno prendeva una consistenza meno granulosa, i piccoli sassi di cui era disseminato il suolo del matorral si frammentavano sempre di più, senza arrivare a essere sabbia. C'erano salite e discese, ma perlopiù erano discese.

I tre Indios camminavano scalzi, a nessuno era venuto in mente di rubare le scarpe a Carvajal. Avanzavano con cautela, badando a non sollevare polvere e soprattutto a non fare rumore. Quasi senza rendersene conto, il prigioniero li imitava. Del resto, tra i suoi pensieri del momento, erano pochi quelli che superavano la soglia della coscienza.

Di tanto in tanto l'Indio Bravo si fermava – quando un odore o un suono attiravano l'attenzione sua e del lupo. Poi si rimetteva in marcia, senza dare spiegazioni. Solo raramente deviava la rotta, o addirittura tornava sui suoi passi fino all'imboccatura di un sentiero prima ignorato.

«Indio Feo, quanto siamo vicini?» chiedeva.

E l'Indio rispondeva alle sue spalle: «Vicini, vicinissimi. Così finiamo in braccio ai guardiani del porcile».

«Meglio i guardiani che questo» tremava l'Indio Bruto.

«Questo cosa? Cosa? Non sappiamo nemmeno chi sono» sibilava la vocetta dell'Indio Feo.

Il ritmo della marcia si riduceva, e Carvajal non sapeva perché. Constatava soltanto che il terreno stava virando a una tonalità rossastra. L'acquazzone di qualche mattina prima aveva lasciato una crosta superficiale di fango secco, che si sbriciolava sotto ogni passo.

«Non sappiamo nemmeno se ci vengono dietro» disse l'Indio Bravo. «Non sappiamo se ci inseguono, o se vengono soltanto da questa parte».

«Ci seguono, vi giuro che ci seguono» ripeteva esasperato l'Indio Feo.

«Zitto, tu parli solo per dare aria alla bocca» rispondeva l'Indio Bravo.

All'Indio Bruto scappò una risatina.

«Ridi, *pendejo*» si sfogò l'Indio Feo. «Come no. Ci seguono per caso, poveri voi... Per caso, *claro*, dritti nel territorio di Circe».

Il fragore del tuono li sorprese poco dopo il tramonto, nel nascondiglio in cui avevano passato la giornata.

Le ultime due notti avevano camminato meno a lungo. E Carvajal cominciava a sentirsi più forte, seguiva più facilmente il corso dei propri pensieri e le conversazioni dei tre Indios.

«Non ce la facciamo se ci portiamo dietro il *puto*» diceva l'Indio Feo. «Siamo troppo lenti. Troppo vicini ai guardiani».

Si interruppe, distratto dalle prime gocce di pioggia.

«Lasciamolo qui» proseguì poi, senza badare alla faina verde che ringhiava contro Carvajal. «Lascialo qui, Indio Bravo. Ci fa perdere tempo».

L'Indio Bravo non rispondeva nulla. Si massaggiava il mento e strizzava le palpebre, come per vederci più lontano.

Poco distante da Carvajal, l'Indio Bruto seguiva la conversazione senza intromettersi. Un altro tuono, seguito da uno scroscio di pioggia. Carvajal non provò nemmeno a cambiare posizione per ripararsi dall'acqua, così come non si ritrasse quando l'Indio Bravo si fece sotto.

L'Indio si piegò in ginocchio e senza dire nulla cominciò a disfare gli intrecci del fil di ferro. Prima le caviglie, che gli avevano legato per la sosta. Poi i polsi, dove il filo aveva scavato solchi profondi e sanguinolenti.

Nella terra rossa cominciavano a formarsi le pozzanghere, e i tre Indios si erano già messi in marcia. Carvajal li perse di vista quasi subito, inghiottiti dalle bave della pioggia. Poi, dopo un tempo che non seppe misurare con esattezza, vide ricomparire una sagoma sovrastata da un cappellaccio di paglia.

«Tieni questo» gli disse l'Indio Bruto. «Basta che non lo dici agli altri».

Era un involto di tela fradicia, con una manciata di mais e un topo morto.

Prima di fermarsi, Carvajal camminò da solo per una notte e un giorno, sotto l'acquazzone che accennava a diradarsi soltanto per riprendere poco dopo. Sceglieva a caso, zuppo e febbricitante, tra i sentieri che gli si biforcavano davanti. Non provava nemmeno a nascondersi.

Ma quando sentì che le ginocchia gli cedevano davvero, che non aveva scelta se non fermarsi e riposare, ebbe cura di infilarsi tra le fronde fitte di un canneto. Sembrava l'inizio di un acquitrino.

Mentre disfaceva l'involto dell'Indio Bruto, prima di affondare i denti nella carne cruda del topo, si chiese da quanto tempo fosse entrato nel matorral. Senza saperlo aveva già passato due settimane nella foresta.

4. La palude, la collina, il giardino

Juanito tirò su col naso. ırdò il cielo: di sicuro si rimetteva a piovere. Meglio racc ere le pelli di rana che aveva steso quella mattina presto. e pelli di rana freschissime, che aveva disposto sulla stacci ta al primo sprazzo di sole. Non voleva rischiare, però. Si ordava bene dell'ultima volta: l'acquazzone gliele aveva a cate tutte al legno dei pali, e la mamma le aveva buttate vi rché ormai non servivano più a niente. Juanito si alzò sull nte dei piedi per raggiungere il punto più alto della stacci a. Sollevò la prima pelle con cura, facendo attenzione in ticolare all'attaccatura delle zampe. La ripose nella bisa perfettamente distesa. Ma alla quinta pelle di rana distol i occhi dal lavoro e corrugò le sopracciglia. Si avvicinava uno, uno sconosciuto. Chi poteva essere? Con quel panta difficile che i guardiani del porcile si spingessero fin lì. Jua chiuse in fretta la bisaccia e sparì leggero tra i fusti del ca o. Sulla staccionata erano rimaste solo le ultime due pelli.

Da un paio d'ore Carvajal stava p guendo sulla traccia che si impantanava sempre più a fon a i canneti e l'erba alta, con l'acqua tinta d'argilla che gli a ıva ben oltre la caviglia.

Quando si era svegliato, il temporale era finito.

Al primo battito di palpebre la solita immagine azzurrognola, embrionale ma già inalienabile, si era riprodotta nella camera oscura dell'occhio. E il ricordo del gemito della creatura, dello svuotamento intollerabile che attraverso la creatura aveva sofferto lui stesso, era troppo recente per non ispirargli ogni possibile cautela. Ma le apparenze desolate del paesaggio, in qualche modo, lo avevano rassicurato, e così aveva deciso di inoltrarsi ancora in quella distesa di terra umida e zanzare.

Scoprì le prime impronte in corrispondenza di una curva, dove i margini della pista si sollevavano dal fondo acquitrinoso prima di essere inghiottiti dall'erba. Erano segni di zoccoli. Un cavallo, forse un mulo. D'istinto si gettò fuori dal sentiero, nel fitto delle canne. Poi, mentre la respirazione si calmava, si domandò quante speranze avesse di sopravvivere da solo in quel luogo sconosciuto, e certo non ospitale.

Avrebbe trovato aiuto? Qualcuno gli avrebbe medicato le piaghe ai polsi?

Lo avrebbero ricondotto tra i suoi simili? E con quell'essere – l'uovo, il bozzolo – che gli pulsava solo nel buio degli occhi ma non per questo sembrava meno reale… chi erano ormai i suoi simili? A chi sarebbe dovuto tornare?

Un alito di vento gli portò un sentore di fumo nell'aria altrimenti immobile. Le percezioni dei sensi si erano fatte più acute che mai. Che fosse soltanto per via della fame?

La casa nella palude comparve inaspettatamente dietro una curva della pista, che fino all'ultimo momento l'aveva nascosta agli occhi di Carvajal. L'aia fangosa, disseminata di rifiuti e di residui della mietitura del mais, era circondata da una staccionata irregolare, interrotta in più punti. Sul fondo si stagliava l'edificio principale, una casetta di legno e lamiera, rossa contro il verde scialbo delle canne. Qualche metro più a destra, un capanno di assi marce, all'interno del quale si intravedeva la gabbia di un pollaio. Carvajal si fece avanti, evitando una pannocchia spolpata e i resti di quella che doveva essere stata una tanica di benzina. Un baccello vuoto gli scricchiolò sotto il piede prima di affondare nella terra morbida. Una gallina svolazzò nella gabbia di rete metallica, spaventando le compagne. Poco oltre, sotto un abbeveratoio traboccante di acqua piovana, c'era dello sterco fresco.

Cadevano le prime gocce di pioggia che nei climi tropicali precedono lo scroscio. Carvajal mosse ancora pochi passi. Alla sua destra, sulle assi della staccionata, scorse due pelli di rana rinsecchite. Cominciava seriamente a chiedersi se non fosse il caso di ritirarsi, di sparire, quando la sferzata tiepida della pioggia lo investì in piena faccia. Si passò una mano sulle palpebre per asciugare gli occhi. La creatura pulsava a un ritmo insolito.

Fu allora che lo sorprese una mano infantile.

«Nella foresta non nascono bambini» gli avrebbe spiegato più tardi il dottor Lagrange dondolando sulla sedia, mentre l'alito del demone gli spettinava i capelli bianchi. «Juanito ci è entrato che aveva sette anni. Quando li ho trovati, Natalia e Juanito avevano appena sconfinato nel territorio della colonia. Stavano riparando il tetto della casa nella palude... tempo un mese, avevano già fatto la prima semina.

La vita da paria li aveva sfiniti, ma non li aveva spezzati. A lungo avevano vissuto a est, tra il delta del Grande fiume e le *sierras*. Poi a meridione, nella giungla selvaggia a sud di Latitudine 0°. All'epoca erano in tre: con loro c'era anche il padre del piccolo Juan, che sognava di diventare un dominatore del demone. Ma il demone non è bastato quando ha preso la malaria. Era Natalia che lo curava. Natalia lo ha nutrito, lo ha tenuto nascosto, lo ha protetto finché ha potuto. Natalia è forte, è stabile. La foresta può dare, la foresta può togliere.

Si è perduto l'uomo che voleva essere un dominatore, mentre la vedova e l'orfano prosperano oggi nella palude, qui, nei sobborghi inferiori del territorio di Circe».

Juanito era sgattaiolato dietro la casa, intorno al canneto. Da lì l'aveva osservato a lungo, fino a giudicarlo inoffensivo, e solo allora si era avvicinato. Quando lo aveva sfiorato con la mano, Carvajal si era girato di soprassalto. Di fronte a lui, sotto la pioggia scrosciante, c'era un ragazzino sui dieci anni, scalzo, zazzera di capelli neri e pelle mulatta. Una creatura fluorescente gli galleggiava alle spalle e al tempo stesso coincideva con lui. Era come guardare due immagini distinte ma sovrapponibili, una con l'occhio destro e l'altra con l'occhio sinistro. Anche la creatura aveva un aspetto infantile: era un bambino cacciatore, completamente nudo a parte una collanina di zampe di rana e la pelle di castoro che si reggeva sopra la testa, con le braccia tese, come per nascondersi alla vista degli uccelli.

La creatura fluorescente lo osservava, anzi guardava un punto poco sopra le sue spalle, dove Carvajal intuiva la presenza dell'essere embrionale, della propaggine di sé che aveva scoperto dopo il sogno caotico. Il bambino dalla pelle di castoro gli stava vicinissimo, l'aveva persino toccato. Ma in quel contatto non c'era nulla del dolore, della sensazione di perdita irrimediabile che aveva provato con le bestie dei tre Indios. Al contrario, quella prossimità era corroborante, ristoratrice. Carvajal sentì come se un nodo che gli stringeva lo stomaco fosse prossimo a sciogliersi.

«Sembri terrorizzato» gli disse il bambino, il piccolo Juan.

«Juanito adesso ha dieci anni e il suo demone è un cacciatore bambino» gli avrebbe spiegato più tardi il dottor Lagrange. «Il demone non cresce, ha sempre avuto la stessa forma, e con ogni probabilità non la cambierà mai. Il cacciatore bambino è una creatura gentile. A qualsiasi costo, Natalia è riuscita a proteggerlo dalla fame degli altri paria: per quanto era possibile nella foresta, il demone di Juanito non ha conosciuto la sopraffazione».

«Si vede che sei nuovo» gli disse il bambino, Juanito, mentre gli passava una foglia carnosa sulle piaghe del polso. «Si sente dall'odore. I nuovi hanno un odore speciale».

«E tu? Da quanto tempo sei qui?» gli chiese Carvajal, lasciandosi prendere l'altra mano.

«Da sempre. Cioè, non mi ricordo. Però molto». Per poi aggiungere, senza abbandonare quel tono da intenditore: «Dopo ti faccio vedere le pelli di rana».

«Le pelli di rana sulla staccionata?».

«Quelle ormai si sono incollate. Sono da buttare. Ti mostro quelle che ho preso l'altro giorno».

E corse via a cercare la bisaccia.

«Ne prendo così tante» aggiunse dall'altra stanza «perché mi aiuta il cacciatore bambino». Precisazione doverosa.

«Il cacciatore bambino?».

«È il nome che il dottor Lagrange ha dato al mio demone».

«Vuoi dire il bambino rosso con la pelliccia di castoro?».

Il piccolo Juan alzò gli occhi dalle pelli di rana che stava disponendo sul pavimento per indirizzargli uno sguardo sconsolato: «È proprio vero che sei nuovo».

Il divano su cui sedeva Carvajal aveva i piedi rotti e poggiava direttamente per terra. Insieme a due sedie, a un tavolo e alla stufa a legna costituiva il mobilio della cucina.

«Hai fame?» gli chiese Juanito, e prima ancora di sentire la risposta aveva già immerso una ciotola in un pentolone per ritirarla piena di una specie di *pozol*. Carvajal accettò senza diffidenza.

«È normale se hai molta fame,» disse il bambino «perché fino a ora sei stato un paria. Il tuo demone deve riprendere le forze. Mangiando lo aiuti».

Carvajal beveva la zuppa con vivo piacere, fermandosi a masticare i pezzetti di mais che gli scivolavano in bocca.

«Soprattutto ti serve una casa, se vuoi restare alla colonia» proseguì il bambino sporgendo il labbro inferiore. «Dobbiamo chiedere a Natalia. Natalia è mia madre, dovrebbe tornare tra poco».

E fece schioccare la lingua prima di aggiungere: «Come ti chiami?».

«Mi chiamo Gaspar».

Il nome era riaffiorato come da un sogno nebbioso.

«Va bene, Gaspar. Io mi chiamo Juanito. Magari puoi restare per un po'».

Carvajal restò diverse settimane in casa di Natalia e del piccolo Juan, nel cuore della palude.

Dormiva sul vecchio divano di pelle azzurra della cucina, mentre Natalia e Juanito occupavano l'unica stanza da letto. Di notte, quando lo svegliava il ronzio grasso delle zanzare, e sul divano troppo duro non riusciva a riprendere sonno, Carvajal cercava sollievo e distrazione nel respiro regolare del bambino.

Di giorno dormiva a lungo nell'aia, e il sole gli cuoceva le piaghe ai polsi e alle caviglie. Stava riprendendo forza: la presenza di Juanito, di solito invisibile ma comunque corroborante, lo aiutava a pacificare poco a poco il disordine della nuova vita. Nell'abbandono distratto in cui versava la casa, Juanito sembrava germogliare come un filo d'erba nella crepa di un marciapiede. Portava sempre la stessa maglietta sdrucita, venuta da chissà che mondo – da chissà che epoca. E Carvajal poteva prevedere che presto anche i suoi vestiti, gli unici che possedeva, avrebbero assunto lo stesso aspetto immemore.

In una notte di brezza – il vento portava dall'aia dentro la casa i cascami del mais –, Carvajal si alzò dal suo divano per affacciarsi sulla soglia della stanza da letto. Natalia e il piccolo Juan dormivano seminudi sopra un lenzuolo variopinto. Sembrava che niente potesse disturbare quel riposo, tanto meno gli sbadigli della soriana azzurra, il demone di Natalia, o i passi piccoli e irrequieti del cacciatore bambino. Di tanto in tanto la sagoma di quelle creature insonni – i demoni – sfrigolava nell'oscurità, e Carvajal sentiva nella schiena un brivido di corresponsione.

Volle provare ad aiutare con i lavori di casa. In una mattina di nuvole, raccolse in un mucchio tutti i rifiuti dell'aia, accanto alla staccionata. Insieme ai residui dell'agricoltura c'erano scarti di latta e plastica, sterco e piume di gallina. Natalia lo guardò, sorrise con indulgenza: Carvajal non si rendeva ancora conto che l'aia abbandonata a sé stessa, la facciata scrostata della casa, le assi dissestate della staccionata andavano oltre la banalità della trascuratezza per attingere alla vena più primitiva della sopravvivenza.

La fame era difficile da calmare. A cena, non senza una punta di vergogna, Carvajal si serviva porzioni generose del *pozol* che Juanito gli aveva offerto il primo giorno. Sapeva di cioccolato, freddo era anche più buono. La madre e il bambino, invece, toccavano appena il cibo. Juanito andava a letto presto, sfinito dalle mille occupazioni di un'infanzia selvatica. Carvajal aiutava a sparecchiare. Natalia metteva a bagno il mais tritato per il giorno dopo e poi raggiungeva il figlio in camera da letto. Una sera, prima di sparire dietro la porta, si fermò a guardare Carvajal. Aveva negli occhi l'indizio di una voglia che lui, a quest'altezza dei fatti, avrebbe ancora potuto fraintendere per desiderio.

«È una specie di osmosi rovesciata» gli avrebbe spiegato più tardi il dottor Lagrange. «Quando due demoni entrano in contatto, l'energia del più debole fluisce spontaneamente verso il più forte: dalla pressione minore verso la pressione maggiore. È la legge fondamentale della vita nella foresta. Tutti i percorritori – gli uomini che vivono in simbiosi con un demone – le vanno soggetti. Così si nutrono le nostre creature. Così placano la fame tanto i paria delle terre selvagge quanto i percorritori organizzati nelle colonie.

La chiamiamo predazione – o, volgarmente, pasto di sangue. L'intensità e la durata del flusso può essere regolata soltanto dal più forte dei due demoni: se il predatore non interrompe il contatto, la preda può essere consumata in modo irreversibile. È la causa di morte più frequente, qui nella foresta.

Il pasto di sangue provoca grande piacere nel percorritore e nel demone che ricevono l'energia. Secondo alcuni agevola il processo di compenetrazione tra il demone e il suo ospite. In ogni caso, non tutti i percorritori sentono allo stesso modo il bisogno di predare. Per alcuni l'esigenza è incontenibile sin dai primi giorni da paria. Altri sono meno famelici. Altri ancora sono praticamente autosufficienti: come il cacciatore bambino di Juanito».

Il giorno dell'ispezione, Natalia non era lì. Era uscita presto, con i muli carichi, diretta al mercato della Collina. A Carvajal, che si era offerto di accompagnarla, aveva risposto soltanto:

«Mi fido di te, puoi restare con Juanito».

E così Carvajal, rimasto solo nell'aia, aveva deciso di occupare la mattina spalando letame. Il capanno che serviva da stalla e da pollaio sorgeva a una manciata di metri dalla casa. Era una scatola di assi corrose, il cui tetto bastava a stento a tenere fuori la pioggia e sul cui pavimento coperto di foglie di mais si accumulavano il piscio e la merda delle bestie. Carvajal era ancora dentro, con la pala in mano, quando i guardiani di Circe arrivarono alla casa nella palude.

Cominciò tutto con un brivido nella creatura embrionale. Carvajal si immobilizzò, seppe istintivamente che doveva nascondersi. Si appiattì a terra, contro le assi del capanno, e fu proprio attraverso le fessure tra le assi che poté osservare tutta la scena.

I guardiani erano venuti in tre, tre uomini vestiti di pelle con i capelli rasati. Le giacche nere erano abbastanza simili tra loro da ricordare un'uniforme, ma si vedeva bene che erano state assemblate da pezzi di dimensioni e colori diversi.

Il più basso, che portava un baffo da caporale cucito su una spalla della giacca, si fece avanti per primo. Lo precedeva un cane dal muso di topo – cane da guardia, cane sbirro – dalle sfumature rosse fluorescenti.

Il caporale entrò nell'aia seguendo i passi del cane, e il tremito della creatura embrionale si fece più intenso. Carvajal la sentiva contrarsi, come per nascondersi nel suo stesso involucro. Più dentro, più dentro.

«Ragazzino» ringhiò il guardiano. Solo allora Carvajal si accorse della presenza di Juanito, che proprio in quel momento saltava giù dall'asse più alta della staccionata. «Ragazzino, stiamo cercando un paria sbandato. Deve aver sconfinato da poco. Ha dormito nel canneto a un chilometro da qui».

«Quanto tempo fa?» rispose Juanito.

«Cinque giorni, forse una settimana».

«Noi non lo abbiamo visto».

«Pensaci bene, ragazzo. La palude puzza di paria. È tutta una peste...».

Intanto, senza badare al dialogo fra gli umani, il demone cane fiutava l'aia. Puntava il muso per terra, le narici nella polvere, ottusamente dilatate. Fino alla porta della casa. Fino alla soglia della stalla. E Carvajal ormai era sicuro di non respirare. Gli sembrava di aver preso tanta aria nei polmoni da non dover respirare mai più. Come era possibile che il cane non si accorgesse di lui?

«Noi non abbiamo visto niente» ripeté Juanito.

«Tu lo sai, ragazzino: i paria che sconfinano sono del porcile. In tutto il territorio della colonia... giurisdizione esclusiva, la nostra. Voi contadini fareste meglio a collaborare. Perché se poi lo troviamo da soli, e ce lo avevate nascosto...».

Ma il caporale non finì di pronunciare la minaccia: Natalia era appena sbucata da dietro la curva della pista. Veniva in groppa al mulo, la sua soriana azzurra più luminosa di quanto Carvajal avesse mai visto.

«Che volete?» chiese senza smontare.

«Seguiamo la traccia di un paria. Il tuo ragazzino ci stava aiutando».

«Di qui non è passato nessuno».

«Siete sicuri?».

«Lo avete cercato» rispose Natalia, accennando verso il bull terrier rosso che zampettava ancora nell'aia.

Subito la soriana saltò giù dalla groppa del mulo e si frappose tra il cacciatore bambino e il cane dal muso di topo. Aveva il contorno spesso, il pelo le sfrigolava. Il cane alzò gli occhietti ebeti dal suolo, poi corse a cercare il sostegno dei demoni degli altri guardiani.

«Di qui non è passato» commentò il caporale prima di ordinare la ritirata.

Per poi aggiungere, con un cenno verso le bisacce vuote che pendevano dalla groppa del mulo: «Sei in ordine con i pagamenti?».

«Sempre puntuali» rispose Natalia.

Juanito aspettò che si fossero allontanati per affacciarsi alla porta della stalla. Solo allora Carvajal sputò fuori tutto il fiato di cui si era riempito. Seguì un lungo, prodigioso sospiro, e come per una reazione elastica la creatura embrionale abbandonò la contrazione a cui era stata costretta. Si distese, si espanse fino ad assumere la sua forma matura.

Carvajal sbucò fuori dal suo nascondiglio. Barcollò per qualche passo, poi crollò a terra.

Natalia lo vide, piegò la testa da un lato e disse: «Meglio se adesso chiamiamo il dottor Lagrange. Vai, Juanito, avvertilo».

«Per un demone incline alla caccia, l'aura di un altro percorritore è facile da individuare» gli avrebbe spiegato più tardi il dottor Lagrange. «Per ovviare all'inconveniente, alcuni di noi imparano a praticare la tecnica della dissimulazione. Immagina di inspirare, inspirare, continuare a inspirare fino a inghiottire te stesso. Immagina di stiparti tutto in fondo ai polmoni e quando sei tutto dentro trattenere il respiro. È l'unico modo di contenere anche le vibrazioni dell'aura. Insomma, una sensazione del genere... però nel demone.

A quanto pare, Gaspar, tu hai un talento naturale per la dissimulazione. Sì, per tua fortuna ti riesce molto bene».

La creatura embrionale aveva disteso le braccia, le gambe, spalancato le dita delle mani e dei piedi fuori dalla sua placenta. Adesso Carvajal non aveva più bisogno di chiudere gli occhi per vederlo. Il demone era sbocciato, il cuore del demone era il suo cuore. La vista gli si velava di azzurro.

Il dottor Lagrange arrivò con Juanito poco prima del tramonto, in groppa a un cavallo magrissimo. Era dinoccolato. Portava un completo di lino beige con un distintivo cucito sul petto, e un cappello di tela. Sopra la testa gli ruotava – ma forse sarebbe meglio dire orbitava – una sfera luminosa dalle tinte rossastre.

«Sa che il suo demone ha la faccia di David Bowie?» disse prima ancora di stendere la mano per presentarsi. «Piacere, Émile Lagrange».

«Gaspar Carvajal».

La prossimità del demone di Lagrange gli provocava un disagio tollerabile.

«E quello sarebbe Phobos o Deimos?» chiese Carvajal indicando il satellite color del sangue.

«Nessuno dei due» rispose il dottore. «Questa è Theia».

Una sfera rossa, alta sopra la testa, come una luna da tragedia antica.

Altrove, nella colonia.

Vestita di tela leggera, di fili di cotone e di piume, la custode del porcile – prima ancella di Circe – attraversò a piedi scalzi il prato del patio diretta ai suoi appartamenti.

Al suo passaggio il guardiano di servizio si irrigidì in un saluto. Aveva il capo accuratamente rasato e sul petto dell'uniforme di pelle portava il distintivo degli ufficiali del Giardino.

La custode proseguì oltre senza curarsi di lui, preceduta dal volo di un cardellino dalla maschera rossa, demone benefico tra quanti abitano la città della Collina. Era raro che un abitante della colonia, ufficiale o plebeo, la guardasse passare senza indirizzarle una benedizione.

«Nella foresta ci sono sei grandi colonie, ognuna sotto il comando di un *duque* vassallo di Latitudine o°» gli avrebbe spiegato più tardi il dottor Lagrange. «La nostra prende il nome di Giardino dalla fortezza che domina la città della Collina. È una tenuta coloniale dalla cinta bianchissima, oltre la quale spuntano cime di salici, di pioppi, di cipressi. All'interno, si aprono splendidi *patios* quadrati, che fanno l'orgoglio di Circe, la nostra *duquesa*, e la delizia dei suoi ufficiali.

Intorno alla città, sulle pendici della Collina, pascola il bestiame degli allevatori, l'aristocrazia agraria della colonia, che vive in belle fattorie di mattoni e approvvigiona il mercato e la fortezza delle derrate più fini.

Man mano che ci si allontana dal centro e che si perde quota, il territorio della colonia si fa meno adatto al pascolo. La zona delle pinete – profumate ma sterili – cede il passo alle paludi basse, dove i contadini come Natalia contendono all'acquitrino i loro avari fazzoletti di terra, per il mais e i fagioli».

Quando Carvajal saltò fuori dal nascondiglio, Lagrange si voltò di scatto nella sua direzione. Strinse le palpebre, e subito il satellite rosso si frappose tra lui e la furia del David Bowie azzurro. Era come una barriera sanguinolenta, appiccicaticcia ma impenetrabile. Il giovane demone ci scalfiva contro i denti, ci sprofondava dentro.

Nei giorni successivi al loro primo incontro, Lagrange era tornato spesso verso l'ora del tramonto, per dedicarsi con Carvajal a quelle sedute di addestramento.

«Il tuo David Bowie è immobilizzato» disse Lagrange decontraendo le palpebre. «È quello che chiamiamo imbavagliare il demone».

Lagrange mollò la presa e la melassa rossastra si dissolse. Il demone azzurro si accasciò e si rimpicciolì, mentre Carvajal si piegava in due per vomitare.

Per ora aveva avuto maggior successo con la dissimulazione – che secondo Lagrange era la cosa più importante, nel caso fossero tornati i guardiani.

Oltre a migliorare la compenetrazione con il David Bowie azzurro, Carvajal stava imparando a distinguere le qualità diverse e le diverse abilità dei demoni che lo circondavano. Il cacciatore bambino era un esempio di demone saturo, il demone autosufficiente, la specie più rara tra quante popolano la foresta. Il satellite rosso di Lagrange, Theia, era temibile per la sua potenza inerte, per la sua stretta formidabile. E poi c'erano i segugi, come il bull terrier del caporale guardiano: una volta fiutata l'aura di un demone erano capaci di riconoscerlo fra mille…

Furono giorni di rinnovata energia. La fame fisica che lo aveva tormentato durante la cattività con i tre Indios – e che era così difficile da placare prima che il bozzolo del demone si schiudesse – andava scemando insieme alle sensazioni di fatica del corpo. Adesso che Natalia accettava il suo aiuto nei campi, Carvajal si scoprì capace di falciare erba per ore, con il machete, senza interruzione. Una mattina, un colpo mal bilanciato gli finì sullo stinco. La lama penetrò nella pelle per un centimetro buono, eppure ne stillarono solo un paio di gocce di sangue. E alla sera la ferita era già rimarginata.

Ma per quanto intensa, l'attività meccanica a cui Carvajal si era consacrato non bastava a distoglierlo da un'inquietudine più sottile, che non avrebbe saputo bene dove dirigere. Se avesse avuto agio di autoanalizzarsi come era solito fare un tempo, l'avrebbe forse attribuita a quella quotidianità senza storia, senza avvenimenti – l'unica possibile nella casa nella palude. Avrebbe forse aggiunto al bilancio la minaccia inespressa dei guardiani del porcile, e di tutto un mondo di cui non sapeva ancora quasi niente, ma che sentiva gravido di pericolo.

Ebbene, come autoanalisi sarebbe stata quantomeno incompleta perché nessuna di quelle ragioni bastava a giustificare la fame segreta che la foresta stava risvegliando in lui, quell'ipersensibilizzazione della sfera del desiderio. Certamente era d'aiuto lo sfogo di energia delle sedute con Lagrange: l'abitudine a sfinire il demone era diventata irrinunciabile e preziosa.

Dopo l'addestramento, Carvajal sedeva spesso con il dottore davanti alla casa, dove le zanzare della palude non lo disturbavano più.

«I percorritori» cominciò Lagrange quella sera, allungando in avanti le gambe accavallate «si sottraggono ai meccanismi comuni del regno animale. Dal momento in cui diventano ospiti di un demone, i loro corpi cambiano... Non si può prevedere esattamente come saranno influenzati, ma esistono delle linee comuni. Ad esempio, è difficile ferirci: anche se non siamo invulnerabili, con un sostegno adeguato del demone abbiamo poco da temere dalle lesioni fisiche. Per questo i naturali ci considerano non morti».

«Il villaggio dei naturali» gli avrebbe spiegato Lagrange «sorge oltre la palude, nella direzione opposta rispetto alla città della Collina. Sul fianco della *sierra* impenetrabile che delimita a est i territori di Circe.

I naturali vivono in pace con la gente della palude e della Collina. Partecipano al commercio e, in cambio di protezione contro le scorribande dei paria, versano un tributo alla fortezza.

Come tutte le tribù indigene della foresta, vantano tradizioni centenarie. Le loro leggende affondano nella notte dei tempi, fino a un'epoca mitologica in cui i percorritori erano pochi, addirittura rari. Perché, tra i naturali, il demone non si risveglia quasi mai. Quando succede – ma è a dir poco sporadico – il malcapitato ospite viene scacciato dal villaggio e diventa un paria: la considerano una malattia contagiosa, e come tale cercano di tenerla lontana».

Il contadino spuntò da dietro la curva spingendo una carriola, accompagnato dal suo demone verde, un grosso roditore, che lo precedeva di pochi passi. Anche questa volta Carvajal strinse i denti e si preparò istintivamente a difendersi. Ma l'uomo si limitò a imprecare quando la ruota della carriola sobbalzò contro un sasso, minacciando di rovesciare il contenuto di granaglie, e proseguì per la sua strada.

Quella mattina, come d'accordo, Carvajal e Natalia si erano alzati prima dell'alba e avevano preparato i muli. Alle cinghie del basto, Carvajal aveva fissato i sacchi già pronti di mais e di fagioli, mentre Natalia imballava le uova nelle bisacce, tra strati di paglia sovrapposti, e sistemava in cima i barattoli della colla che Juanito aveva ricavato dalla pelle di rana. Poi aveva incavezzato il primo mulo con un pezzo di corda e si era girata il capo due volte intorno alla mano. Carvajal l'aveva imitata con il secondo mulo, e si erano messi in cammino verso il mercato.

A piedi nudi, inzaccherata fino ai polpacci di un fango rosso e denso, Natalia lo conduceva per i sentieri tra le canne e il mais. Di tanto in tanto incontravano altri viandanti. Spesso erano naturali della *sierra* diretti come loro al mercato, ma soprattutto altri contadini che venivano in un senso e nell'altro con i loro demoni – quando scarni, quando satolli e pigri. E tutte le volte Carvajal doveva trattenere nel suo David Bowie azzurro la pulsione di attaccare o fuggire.

Presto si lasciarono alle spalle i campi dell'acquitrino, campi più vasti di quelli che Natalia aveva strappato ai canneti, con grandi case di legno dove i contadini facevano vita comune.

Attaccato il primo pendio della Collina, la vegetazione cominciava a cambiare. I fusti delle piante si irrobustivano man mano che la terra – più soda e asciutta – offriva miglior sostegno alle radici. Anche l'odore stava cambiando: all'atmosfera stagnante della palude si sostituiva un sentore più dolce, come di resina e miele. Era l'aria buona della pineta. Carvajal sentiva che quell'odore soltanto sarebbe bastato a curargli le narici secche, le labbra spaccate dalla polvere del Messico e impregnate dell'umidità dell'acquitrino.

Intanto la strada si faceva sempre più frequentata, più regolare, ben calpestata. Tra i naturali venuti dalla *sierra* e i contadini, Carvajal riconosceva adesso gli allevatori della Collina, un'altra classe di abitanti della colonia. Li distingueva dagli altri perché le loro scarpe non erano infangate, perché le loro mani non erano macchiate di terra rossa. Ma soprattutto per l'aura dei loro demoni – più intensa di quella di Natalia, priva della cedevolezza di Theia, il satellite rosso di Lagrange –, e non lo sorprendeva che considerassero con sussiego i coltivatori della valle acquitrinosa. Al loro passaggio il David Bowie azzurro si sentiva come una preda in gabbia. Tremava e si riduceva, cercava una possibile via di fuga. Ma l'esperienza dell'osmosi, dello svuotamento che aveva segnato i suoi giorni di cattività, non si era ripetuta. Era come se l'attività dei demoni fosse concentrata verso un punto che li distoglieva dalla meccanica della predazione.

Più avanti, più in quota, la vegetazione si sarebbe aperta sulla distesa quasi alpestre dei pascoli. Poi, in cima alla Collina, la città di cemento. La città grigia, alta sopra le ultime fattorie, immagine perfetta dell'equilibrio.

«La colonia» gli avrebbe spiegato il dottor Lagrange «è organizzata per consentire la coesistenza dei suoi abitanti. A questo scopo, è indispensabile che i flussi della predazione siano controllati, diretti, armonizzati. Un flusso ridotto di energia scorre ininterrottamente verso il capitano della fortezza – Circe, la *duquesa* del Giardino. Ogni abitante della colonia cede a Circe una quantità impercettibile della propria aura, e in cambio la *duquesa* si fa garante della pace e dell'approvvigionamento per tutti: approvvigionamento di cibo per i corpi dei percorritori, ma soprattutto di prede per i loro demoni».

Superati i primi recinti di vacche, Carvajal riconobbe facilmente, dalla descrizione che gliene aveva fatto Natalia, la spianata del mercato.

Quasi tutti i venditori disponevano la loro mercanzia su teli distesi per terra, secondo un ordine vagamente ortogonale. Erano in pochi quelli che potevano contare su un piano orizzontale in equilibrio su un paio di cavalletti di legno. Si formavano così i tre assi principali del mercato, lungo i quali andava e veniva una piccola folla di uomini e donne. Si fermavano distratti a guardare la merce, perfettamente a proprio agio nelle loro tenute raccozzate. E di tanto in tanto, dalle falde di una casacca o di un mantello, Carvajal vedeva comparire i rudimentali bilancini che regolavano le transazioni in polvere d'oro.

La mercanzia consisteva prevalentemente in prodotti agricoli grezzi: gli agricoltori mettevano in vendita mais, fagioli e fave; intorno ai banchi di formaggio e carne salata degli allevatori si radunavano soprattutto i naturali della *sierra*, disposti a barattare per poche libbre di vitello grandi quantità di legno lavorato, cacao e frutta, che gli agricoltori riacquistavano a loro volta dagli allevatori.

Carvajal, tra timido e trasognato, beveva con gli occhi quel movimento multicolore. Tanto che solo all'ultimo momento si accorse del drappello di teste rasate, delle uniformi di pelle conciata male. Allora trasalì, e seguendo un impulso puerile provò persino a dissimulare l'aura del demone. Ma a cosa sarebbe servito, a quella distanza?

Se ne accorse Natalia.

«Tranquillo» gli disse. «Vengono al mercato soltanto per raccogliere».

«Che cosa raccolgono?».

«Il tributo per il porcile».

Due guardiani di Circe in giacca di pelle facevano la guardia a un carretto, un terzo era seduto dietro un registro aperto su un banco di legno. I commercianti si avvicinavano uno alla volta, con un sacco di mais, più raramente con un involto di polvere d'oro. Il guardiano riceveva, segnava qualcosa sul registro, annuiva in direzione del commerciante che si allontanava rapidamente.

Dal fondo di una corsia del mercato, una figura snella in completo di lino si faceva strada nella melassa indistinta delle aure dei demoni. Alla vista del distintivo che portava cucito sul taschino, i guardiani lo salutarono riguardosamente.

Carvajal sorrise, l'avrebbe salutato volentieri anche lui se Natalia non l'avesse fermato con una netta gomitata nelle costole. Si massaggiò meccanicamente il fianco. Avrebbe giurato che, passandogli davanti, il dottor Lagrange gli avesse fatto l'occhiolino. Prima di allontanarsi verso la città di cemento.

«Ogni colonia» gli avrebbe spiegato Lagrange «si organizza in una sovrastruttura. È una forma esteriore, la matrice superficiale dei rapporti di dipendenza che legano gli abitanti al loro capitano. Che sia una religione, un apparato di credenze magiche, un sistema di fedeltà o vassallaggi, o una combinazione delle tre, la sovrastruttura aggiunge stabilità ed equilibrio alla colonia.

Intorno alla fortezza del Giardino – nella fortezza, al fianco della *duquesa* – orbita la casta dei dominatori del demone: sono gli ufficiali, di cui faccio parte anch'io.

Gli scambi economici del mercato rispecchiano se vogliamo le relazioni di forza tra allevatori e agricoltori, e le gerarchie interne a ciascuna delle due classi.

Ma il cuore della sovrastruttura, nel regno di Circe, è il porcile: la riserva del nostro alimento più prezioso. Senza il porcile la colonia, quest'illusione di pace in mezzo al caos divoratore della foresta, sarebbe impossibile. Niente mercato, niente fattorie, niente più pascoli sulla Collina».

Altrove, nella colonia.

Con un cenno immediatamente obbedito, l'ancella di Circe intimò al guardiano di aprire i chiavistelli. Era venuta al porcile, come ogni sera, per dispensare alle bestie infelici il balsamo della propria presenza.

Preceduta dal cardellino dalla maschera rossa, camminava assorta tra gli animali di cui le era affidata la cura. Di uno grattava la nuca, dell'altro accarezzava la testa con il dorso della mano.

Poi si fermò per un attimo, aggrottò la fronte come distratta da un ricordo. Le più vicine tra le bestie alzarono gli occhi inquieti verso la loro custode. Durò non più di un momento.

La visita quotidiana riprese senza altri inconvenienti. I maiali di Circe grufolarono di sollievo.

Nella fascia superiore del mercato si praticava una forma più organizzata di commercio. I venditori avevano tutti capelli nerissimi, tagliati a scodella. La loro pelle era ancora più abbrustolita di quella dei contadini della palude.

«Sono i Walaya,» disse Natalia a Carvajal «la tribù dei naturali mercanti. Viaggiano in carovana nelle *sierras*, in canoa sul Grande fiume. Tutte le colonie li rispettano, perché sono indispensabili».

Sui loro banchi di legno, i Walaya esponevano articoli di prima utilità – spago, chiodi, coltelli, tessili – o di elettronica spicciola – soprattutto batterie, e qualche lampadina tascabile.

Natalia si era fermata di fronte a un cumulo di vecchi attrezzi. Con un dito saggiava il filo di un vomere arrugginito, quando la distrasse un brusio che proveniva dal lato opposto del mercato.

Anche Carvajal si voltò in direzione del movimento, dove la folla degli acquirenti si stava separando per fare strada. Il primo a comparire fu un guardiano del porcile, rasato e corpulento, che reggeva sulla spalla il lembo di un guinzaglio di cuoio. E all'altro capo del guinzaglio, dove la fibbia si chiudeva in un cappio, c'era un uomo. Veniva avanti carponi, strisciando le ginocchia e i palmi delle mani. Addosso aveva soltanto una casacca dal cui colletto slabbrato, trasportata nel ventre di tessuto, spuntava la testa ciondolante di una scimmietta gialla.

Carvajal distolse il viso di scatto, come per paura di essere riconosciuto da quegli occhi riversi nelle orbite. Degli astanti, nessun altro sembrava impietosito dalla vista del prigioniero, dell'Indio Bruto trasformato in una bestia. Ma nello sguardo di alcuni, ed erano tutti contadini, Carvajal riconobbe una luce più violenta. Non era rivolta alla preda ma al guardiano dalla testa rasata, ed era odio.

«Per vivere in una colonia,» gli avrebbe spiegato il dottor Lagrange «un percorritore deve saper controllare le proprie pulsioni. Dall'equilibrio di ciascun individuo scaturisce la stabilità di un sistema in cui un migliaio di demoni vivono fianco a fianco senza ricorrere alla predazione.

Purtroppo, la maggior parte dei paria sono al di sotto di questi requisiti. Non sono capaci di piegare il demone alle esigenze della convivenza. Sono frenetici, sono rumorosi e imprudenti. Le loro aure lampeggiano di adrenalina. Ed è per questo che i guardiani di pattuglia sul confine hanno gioco facile nell'individuarli, stanarli e catturarli».

Altrove, nella colonia.

Nella sala grande della fortezza in cima alla Collina, al centro della città di cemento e oltre le mura bianche del Giardino, i luogotenenti di Circe e gli ufficiali di confine discutevano gli ultimi avvenimenti. Tra i paria c'era fermento, un fermento insolito, gli sbandati nel territorio della colonia erano fin troppo numerosi. Come se una forza più grande stesse spingendo da nord, abbastanza vicina e minacciosa da spaventare i paria senza padrone, ma non abbastanza da ingaggiare lo scontro con le pattuglie dei guardiani sul confine.

La custode era entrata nella sala a riunione inoltrata. La difesa della colonia non rientrava tra le sue responsabilità. Era ammessa a presenziare solo per rispetto alla sua posizione.

«Dagli interrogatori di alcuni prigionieri...» parlava un ufficiale dalla giacca di pelle.

La custode si allontanò dal grande tavolo di mogano. Non le piaceva che i guardiani dei confini si immischiassero negli affari del porcile, agitavano inutilmente le bestie della sua signora...

Dalla finestra spalancata sul patio centrale, i rami dei salici cari alla *duquesa* componevano e scomponevano i loro intrecci ipnotici. Ma la custode preferì affacciarsi a una delle feritoie che si aprivano sul lato opposto della grande sala, rivolte all'esterno della fortezza – retaggio della vocazione militare dell'edificio. Appoggiò un gomito al davanzale, poi il mento sul palmo, e si morse la punta delle dita.

Dal fianco meno frequentato della Collina, oltre gli ultimi tetti della città bassa, la fattoria abbandonata le restituì lo sguardo cieco delle sue finestre sbarrate. La custode distolse gli occhi.

I pascoli verdeggianti intorno alla spianata del mercato erano punteggiati dalle belle fattorie di mattoni, da cui uscivano gli allevatori con i loro demoni floridi e spavaldi.

Ed erano soprattutto loro, ma non solo, a frequentare il sentiero che dalle ultime bancarelle, alle spalle del carretto dei guardiani, saliva verso la sommità della Collina. Verso la città bassa, quella manciata di case dall'intonaco scrostato che a quella distanza non davano il minimo segno di essere abitate. Al centro, esattamente in cima all'altura, si levava la cinta della vecchia tenuta coloniale, perfettamente omogenea e bianca, a differenza degli edifici circostanti.

Gli allevatori andavano e venivano da padroni lungo il sentiero, incrociando qualche contadino che rispettosamente si faceva di lato. E Carvajal aveva l'impressione che i demoni in discesa brillassero più intensamente di quelli in salita. Sì, l'aura dei demoni che tornavano dalla città di cemento era più accesa di quella degli altri, che se ne tenevano a debita distanza. Carvajal si ricordò della ritirata del bull terrier rosso di fronte alla soriana di Natalia – dell'insolito fulgore nel pelo della soriana, che allora aveva attribuito a un istinto di madre protettiva.

Anche il guardiano con il prigioniero al guinzaglio si era avviato verso le case della città bassa.

Carvajal guardò Natalia aspettando che fosse lei a decidere.
«No,» gli disse Natalia «per te è ancora troppo presto».

«Come hai potuto vedere,» gli avrebbe spiegato il dottor Lagrange «l'economia nella colonia si limita quasi del tutto alla sussistenza.

«Questo perché i bisogni dei percorritori si concentrano essenzialmente sul demone, e i bisogni del demone sono vasti, ma raramente hanno natura materiale. Quando il demone è florido e la compenetrazione è profonda, il corpo dell'ospite necessita di poco cibo.

«L'esigenza primaria diventa il nutrimento del demone».

«Sei sicuro che fosse lui?» gli chiese Natalia.

«Sì» rispose Carvajal. «La casacca, l'aspetto della scimmia... qualcosa di inconfondibile nell'odore del demone...».

Sulla via del ritorno, i muli viaggiavano leggeri: poco mais residuo, un pezzo di formaggio per le occasioni speciali, un paio di chiodi e qualche metro di corda erano tutto il carico che Natalia riportava dal mercato.

La strada era meno frequentata della mattina. Mentre l'aria si faceva più fresca, tra i rami della pineta cominciavano a frinire specie diverse di insetti.

Carvajal era confuso. Si sentiva disturbato da un rumore di fondo, come un fischio nelle orecchie che dall'aura del David Bowie azzurro gli si annidava in un'area recondita del cervello, per tormentarlo segretamente.

«Adesso che cosa gli fanno?» chiese a Natalia.

«Lo portano al porcile. È sicuro».

«Vivo?».

«Morto non servirebbe a niente».

«È raro, rarissimo» gli avrebbe spiegato Lagrange quella sera stessa «che un paria riesca a ritagliarsi un posto nella colonia. Il demone di un paria manca di solidità, la vita nelle terre selvagge non gli consente quasi mai di progredire stabilmente nella compenetrazione. Da parte nostra, non possiamo permetterci di introdurre alcun elemento aleatorio nella delicata struttura della colonia.

«Per questo la maggior parte dei paria che sconfinano finisce nel porcile».

Cominciava una notte di luna nuova. Le costellazioni prendevano forma nel cielo ancora diviso tra luce e buio. Era l'ora azzurra, che segue i tramonti di sereno.

Dentro la casa, Natalia passava il filo della falce sulla pietra. Juanito, steso sul letto grande, giocherellava con un sacchetto di tela. Lo faceva saltellare nel palmo della mano, e gli ossicini di rana all'interno risuonavano come un crotalo. Le voci dall'aia gli arrivavano limpide attraverso l'udito del cacciatore bambino.

Il satellite rosso del dottor Lagrange orbitava placidamente contro lo sfondo scuro della palude. Il dottore era arrivato poco prima, a Juanito aveva portato un gomitolo di spago, poi si era seduto con Carvajal fuori dalla casa, come erano soliti fare, e aveva cominciato a rispondere alle sue domande.

Carvajal chiedeva ansiosamente, affannosamente. Poi ascoltava in silenzio le spiegazioni di Lagrange, come se solo la voce del dottore potesse tenere lontano il peso che da quel pomeriggio minacciava di soffocarlo.

«Sul porcile veglia un custode» disse Lagrange, pizzicandosi con due dita la barba corta del mento. «Nel nostro caso, si tratta di una custode. Anche tralasciandone le funzioni per così dire sovrastrutturali – casta ancella di Circe, depositaria di purezza e candore –, il suo ruolo nella colonia resta di fondamentale importanza: da una parte si deve interporre tra l'avidità dei demoni – dei guardiani in primo luogo – e le loro limitate riserve di cibo; dall'altra deve addolcire con la sua presenza le giornate infelici delle bestie del porcile. Per questo il demone del custode deve essere un demone speciale».

«Un demone saturo,» lo anticipò Carvajal «come quello di Juanito.»

«Esatto» confermò Lagrange, e contrasse le labbra in una smorfia asimmetrica, quasi di imbarazzo.

«Quando sono arrivato alla casa nella palude...» ricordava Carvajal «...la presenza di Juanito era benefica, ristoratrice...».

«Adesso capisci perché è così prezioso. Un demone saturo è la creatura più nobile della foresta: l'unica che ci metta al riparo dalla nostra stessa natura ferina. Senza contare la posizione che Juanito potrebbe ricoprire un giorno nella colonia...».

«E Natalia?» chiese Carvajal incrociando direttamente lo sguardo del dottore. «Quello di Natalia non è un demone saturo».

«No, non lo è».

«E allora lei come lo nutre?».

Altrove, nella colonia.

Seguita dalle due bestie mansuete, la custode del porcile si avviava dopo il crepuscolo verso la fattoria abbandonata, sul lato meno frequentato della collina. Il cardellino dalla maschera rossa sembrava felice di quelle uscite, guizzava sopra le loro teste in un volo che era solo l'immagine di un volo, perché non risentiva né del vento né della quiete dell'aria. Quanto alla custode, la calma vagamente orientale del viso, degli occhi cadenti verso i lati, era più difficile da interpretare. Possibile che preferisse i pascoli della collina – dove le traiettorie di innumerevoli insetti variegavano i giochi del cardellino – alla dignità immobile, coloniale della fortezza. Certo è che non ne davano segno i passi altrettanto sereni, altrettanto leggeri. I piedi allungati, fasciati dai sandali, lasciavano un'impronta impercettibile sulla terra tenera. Che cosa stava ricordando Dolaina, la custode?

In fondo al sentiero, tra i muri della fattoria abbandonata, una sagoma voluminosa passò rapidamente nel riquadro della porta divelta.

Disteso nell'aia, le braccia incrociate dietro la testa, Carvajal affondava lo sguardo nella notte. Il cielo basso della palude gli pesava sui polmoni, gli premeva sulle tempie come un destino immeritatamente noioso.

Cercava di ripensare al mercato... alla sensazione di ordinata compresenza, di indirizzo e di scopo che aveva provato tra i suoi simili. Ripensava a Juanito. Da quando era rinato alla nuova vita, a quel mondo di forze selvagge che avevano cancellato la vita come la conosceva, solo il cacciatore bambino gli aveva mostrato un volto accogliente della foresta.

Ripercorreva l'ultima conversazione con Lagrange.

«Chi ha costruito gli edifici in cima alla collina, intorno alla fortezza?» gli aveva chiesto.

«Difficile dirlo» aveva risposto il dottore. «A giudicare dall'architettura si direbbe un complesso degli anni Cinquanta, turistico probabilmente. Quel che è certo è che gli attuali abitanti della città e della collina non hanno avuto niente a che fare con l'edificazione. Nessuno nella foresta farebbe una cosa del genere, perché qui nulla è destinato a durare».

«Vuol dire che è una città abbandonata?».

«Vuol dire che la foresta si espande e si restringe capricciosamente, a volte ingoia una città, un villaggio, un uomo. Altre volte risputa qualcosa, qualcosa di morto perlopiù».

No, si disse, no. Senza sapere bene cosa rifiutava. Faticava a frenare l'energia instabile del demone appena fiorito. Lo pungolava quella fame segreta, su cui le scoperte della mattina avevano gettato una luce sinistra.

Un ronzio nelle cavità nasali del David Bowie gli rivelò una presenza. Ne fiutava le sfumature bluastre. Natalia lo osservava dalla porta della casa. Si preoccupava per sé, o era per lui?

«Non hai freddo? È venuto umido» gli disse. Poi si voltò, e stava per scomparire nel buio della stanza, senza aspettare una risposta.

«Ho fame anch'io, Natalia» le disse Carvajal.

«È troppo presto, cerca di stare vicino a Juanito» gli rispose lei.

«Se non fosse per Juanito, non avrei resistito tanto tempo».

Adesso l'aura azzurra del demone gli pulsava negli occhi. Si alzò in piedi, sgranchì le mascelle, percepì la soriana di Natalia che provava ad aggirarlo per sbarrargli il passo. Ma non sarebbe servito. Quella notte, l'aura del David Bowie azzurro sarebbe bastata a respingerla...

Allora lo sorprese un sibilo. Una puntura sopra la spalla destra. Si voltò di scatto. Juanito aveva la cerbottana in bocca e gli occhi chiusi. Carvajal sentì la vista annebbiarsi, e certo si sarebbe lasciato scivolare via se il demone non gliel'avesse impedito. Il demone David Bowie che non gli permetteva di andarsene, che gli ruggiva nelle orecchie per tenerlo sveglio. Ma la soriana di Natalia gli fu addosso, gonfiò i peli e brillò come una madre furiosa, come per dirgli: cadi, vai giù, cadi, vai giù, cadi, vai giù...

Juanito osservava la scena mordendosi le labbra, con la cerbottana ancora stretta tra le mani. Carvajal era crollato in ginocchio, perdeva conoscenza. Ora che la soriana azzurra aveva imbavagliato il suo David Bowie, il veleno del dardo stava facendo effetto. Carvajal si era accasciato, Natalia gli aveva poggiato un ginocchio sul fianco per tenerlo fermo. Il furore della battaglia aveva fatto presa anche su di lei. Con un pezzo di corda, stava per legargli le mani. Ma alla vista delle cicatrici ai polsi di Carvajal – le cicatrici della prigionia tra i paria – aveva avuto un attimo di esitazione. E forse aveva allentato la stretta prima del dovuto.

Forse per questo l'aura azzurra del demone David Bowie era tornata come una scarica elettrica, come una lampadina che scoppia, accecando per qualche secondo la soriana e il cacciatore bambino.

Quando Juanito aveva smesso di stropicciarsi gli occhi, Gaspar era già un rumore di passi lontani, fuori dall'aia, oltre la staccionata.

5. Nel porcile

«L'apporto del demone in un combattimento combinato» gli aveva spiegato Lagrange «è sempre una coperta troppo corta. Finché il demone resta forte e libero di agire, la sua energia garantisce una capacità di reazione pressoché immediata alle minacce fisiche – che siano ferite, infezioni o veleni. Ma se il demone è debole – o se la sua energia è assorbita dallo scontro con un altro demone, o ancora peggio se viene sopraffatto e imbavagliato –, ecco che il corpo del percorritore torna vulnerabile.

«Allo stesso modo, la necessità di fronteggiare un attacco fisico troppo violento potrebbe intaccare le riserve di energie del demone e renderlo più vulnerabile all'aggressione di un altro demone».

Carvajal chiuse gli occhi e provò a riportare il silenzio tra le ossa del cranio. Adesso anche il demone doveva tacere.

Per quanto si sforzasse di propagare la propria percezione, non riusciva a individuare la minima presenza tra la spianata del mercato e le prime case di cemento.

Poco prima dell'alba aveva abbandonato il riparo della pineta per inoltrarsi tra i pascoli. Le vacche chiuse nei recinti alzavano la testa per guardarlo passare. Carvajal si vedeva appariscente, non sapeva fino a che punto poteva sentirsi al sicuro. Percepiva i demoni dei dormienti nelle fattorie, come fiamme di candele alle finestre, e se ne teneva a distanza. Puntava alla spianata ancora deserta, e oltre la spianata, alle case della città di cemento. Al mercato non avrebbe trovato se non granaglie, qualche misero pezzo di formaggio da scambiare con polvere d'oro. Mentre a lui interessava la polpa, era venuto in cerca della polpa e del succo della città.

Seduto a gambe incrociate al centro dell'aia, alle prime luci del giorno, Juanito lanciava piccoli sassi contro la porta del pollaio. Mentre il cacciatore bambino sedeva annoiato sul bordo della staccionata.

Juanito tratteneva a stento le lacrime. Carvajal se ne era andato, non erano riusciti a fermarlo. Dalla stizza tirò un dardo di cerbottana contro il cacciatore bambino. L'ago attraversò la sagoma diafana per poi andarsi a perdere tra le canne, mentre il demone deformava la bocca in una smorfia.

Si sentiva così sconfitto che quasi gli veniva fame. Quasi percepiva anche lui quella sensazione di assenza nel sangue e nelle ossa, quella necessità di un complemento. Ma bastava ignorarla e sarebbe passata. Almeno per lui. Questo lo sapeva già.

Il sole era appena spuntato quando il dottor Lagrange fece capolino da dietro la curva della pista.

«*Qué pasa*, Juanito?».

«Se n'è andato Gaspar».

«E dove?».

«Non lo so. In città, credo».

«Strano, venendo giù non l'ho incontrato».

«Se n'è andato stanotte».

«Mentre dormivate?».

«Volevamo fermarlo, ma si è liberato».

«Gaspar, da solo, contro te e Natalia...?».

Pensoso, il dottore si prese il mento in una mano. Poi si aggiustò il cappello in testa e si avviò verso la pista appena battuta.

«Te ne vai già, dottore? Dove vai?» gli gridò dietro Juanito.

«Torno alla Collina».

«Anche tu?».

«Lo sai, Juanito, siamo fatti così».

Tra i muri scalcinati della città bassa – l'anello di cemento grigio che circonda la fortezza del Giardino – Carvajal si era attardato a lungo senza sapersi decidere.

Con il passare delle ore, le strade si erano fatte sempre più frequentate. Al mercato, Carvajal aveva già sperimentato un contatto ravvicinato con i suoi simili. Ma qui in città le aure dei demoni erano diverse. Alcuni erano scintillanti, rigonfi come vele, altri scavati negli occhi come affamati – tutti così vicini che al David Bowie azzurro veniva voglia di urlare. Ma Carvajal sapeva che in pieno giorno, in piena città, la legge di Circe l'avrebbe protetto dalla fame degli altri.

Prima di nutrirsi delle bestie del porcile, gli abitanti della colonia circolavano per le viuzze della città bassa come termiti senza scopo. Fuori dagli edifici dove tutto si consumava, formavano drappelli apatici, in cui nessuno rivolgeva la parola a nessuno ma tutti condividevano la stessa attesa, una sorta di preparazione.

Carvajal si avvicinò a una porta mezza scardinata, si affacciò nel vestibolo buio, una stanza grande e spoglia da cui una rampa di scale di cemento saliva verso il piano superiore. Esitava ancora. Qualche paio di occhi si voltò nella sua direzione. Carvajal si ritirò in fretta per rituffarsi nel viavai delle strade.

Il caporale Horacio, guardiano del porcile, infilò i pollici nelle maniche del gilet di pelle e si umettò le labbra. Pattugliava le vie della città bassa assecondando l'ispirazione, ovvero il fiuto del bull terrier rosso che immancabilmente lo precedeva di qualche passo.

Da pochi giorni era rientrato dalle ronde di confine per una meritata settimana di servizio cittadino. Negli ultimi tempi l'attività di frontiera era stata estenuante, gli sconfinamenti erano all'ordine del giorno e gli uomini sull'orlo del cannibalismo. Ma finalmente era alla Collina: proprio quello che ci voleva per tirare a lucido l'aura del suo bull terrier rosso. Un po' di aria buona, vicino al porcile e lontano dagli agguati dei paria.

Fiutando spensieratamente, il demone sbirro superò un crocchio di contadini infangati, gente della palude... Poi si immobilizzò con uno scatto del collo. Appiattì le orecchie e allargò le narici. C'era qualcosa in quell'aura di già conosciuto. Sapeva alla lontana di neonato, di nuovo venuto della foresta. Strano, perché il demone sembrava perfettamente formato, un umanoide azzurro dai lineamenti aguzzi e un ciuffo di capelli pettinato di lato. Aveva un'aura intensa, aromatica, niente della miseria pidocchiosa di cui sono intrisi i paria sbandati.

A una distanza prudente per non destare sospetti, Horacio decise di restare sulle tracce del demone azzurro e del suo ospite. E poi di colpo ricordò. Gli capitava sempre così, capricci della memoria olfattiva di cacciatore. All'epoca l'aura era ben più immatura, il carattere distintivo del demone ancora immerso nel fetore dell'embrione. Era stato varie settimane prima, forse un mese, durante una pattuglia di confine nella palude. Dunque quei contadini pulciosi e ammutinati non l'avevano consumato...

Horacio doveva pensare in fretta. Arrestarlo subito, da solo a solo, era fuori discussione: la potenza vibrante del demone azzurro bastava a far rizzare i peli sulla schiena del bull terrier. D'altra parte, se andava a chiamare rinforzi, c'era il rischio di perderne le tracce...

Fu allora che l'uomo si decise a imboccare la porta di una delle case.

Le bestie erano al piano superiore della casetta di cemento, affidate alle cure di due guardiani. Le avevano portate fuori dal porcile all'alba, come tutte le mattine di mercato, divise in due piccoli recinti. I maschi da una parte e le femmine dall'altra. Quando Carvajal sbucò dalla rampa di scale, c'erano già due uomini in fila davanti a lui.

Uno dei guardiani lanciò una manciata di mais nel recinto dei maschi, e le bestie si gettarono grufolando alla ricerca del cibo tra i rifiuti di cui era cosparso il pavimento. Erano nudi, andavano a quattro zampe, con le ginocchia e i palmi sbucciati. Il guardiano sporse la mano e ne afferrò uno per il collare: non dimostrava più di quarant'anni, nonostante la barba lunga e i capelli arruffati. Docilmente, si lasciò trascinare fino all'apertura del recinto. Venne fuori strascicando le ginocchia, gli occhi appannati e cisposi. Il suo demone era un montone nero, quasi opaco: stava ritto sulla schiena dell'uomo accovacciato, e mostrava la gola.

Carvajal fremeva di impazienza. Inghiottì a vuoto. Con entrambe le mani si pettinò le sopracciglia.

E finalmente, dopo due mesi nella foresta, dopo due mesi di fame senza sapere cosa sia la fame, Carvajal sentì quella beatitudine. Dalle barbe del montone nero colava goccia a goccia in bocca al David Bowie azzurro. Come in un imbuto, e dall'imbuto in una spugna secca.

Carvajal non avrebbe saputo dire quanto era durato. A interrompere il piacere fu una mano che gli cadde sulla spalla, accompagnata da una voce ruvida.

«Basta, stronzo, così lo consumi!».

A parlare era stato il guardiano, un uomo corpulento e villoso, vestito con la solita uniforme di pelle conciata male.

Carvajal recuperò rapidamente la vista offuscata. Ricomparvero la stanza spoglia della casa di cemento, i due recinti, gli uomini in fila alle sue spalle che si spazientivano. Ai suoi piedi c'era la bestia dissanguata: raggomitolato a feto, gli occhi chiusi e le labbra spaccate, ansimava come un asfissiato.

Il guardiano lo riprese per il collare e lo trascinò nel recinto, mentre il suo compagno sceglieva tra le femmine la bestia successiva da offrire agli acquirenti.

«Ovviamente,» gli aveva spiegato giorni prima il dottor Lagrange «i guardiani hanno ogni interesse a servire lealmente la *duquesa*. Ma quando si tratta di frenare l'istinto... chissà quante bestie finirebbero consumate ogni notte se i guardiani restassero soli nei recinti, se non ci fosse la custode a vegliare sulla loro continenza: la nostra sacerdotessa del Giardino, creatura casta e fragile, che nelle cerimonie pubbliche occupa il primo rango accanto alla *duquesa*».

«Pulcioso di merda» ringhiò il guardiano a Carvajal, indicando la bestia che schiumava distesa su un fianco. «Perché... perché non impari a controllarti?».

E intanto il demone del guardiano, una martora, soffiava furiosamente e silenziosamente contro il David Bowie azzurro.

Ma Carvajal lo ascoltava appena. Inebriato, sentiva la forza accumulata nel pasto di sangue che si preparava a scrosciare fuori dal demone come una pioggia improvvisa.

Il guardiano dovette percepire la qualità minacciosa dell'aura. Abbassò la voce, si voltò verso il suo compagno e gli uomini in attesa del pasto. Erano tutti fedeli alla *duquesa,* ma la fame li rendeva nervosi. Si schiarivano la gola e non parlavano, guardavano le bestie, pregustavano il flusso. Non si sarebbero trattenuti a lungo.

Carvajal seppe che stava a lui liberare la forza del demone. E liberò quella forza: fu come chiudere gli occhi per abbandonarsi al sonno, come aprire la bocca per lasciar passare un rutto.

Il David Bowie azzurro mostrò i denti aguzzi e balzò in avanti, e non ci sarebbe stato scampo per la martora se non fosse stato per i passi sulle scale. Se non fosse stato per l'irrompere di una forza compatta, che immediatamente si frappose tra le bestie e la smania dei predatori, che separò Carvajal dalla sua vittima e lo avvolse come una museruola.

Dalla rampa era sbucato un drappello di guardiani vestiti di pelle. Li precedeva un cane rosso dal muso di topo, con le zanne scoperte, un cane sbirro. Imbavagliato, Carvajal capì che avevano unito le forze per sopraffarlo, che misteriosamente il cane – il demone del caporale che chiamavano Horacio – convogliava l'energia dei compagni per schiantargliela addosso e al tempo stesso risucchiare la sua.

Dopotutto, nonostante Lagrange, aveva ancora molto da imparare sulla foresta.

Carvajal cadde in ginocchio, le mani strette intorno alla gola. In un flusso visibile, l'energia abbandonava l'aura del David Bowie per scoppiettare elettricamente tra i canini del bull terrier rosso.

Solo allora uno degli uomini del caporale si chinò a soccorrere il guardiano della martora. Era paonazzo, ma si stava riprendendo. «Coglione,» sibilò versò Carvajal appena riuscì a raccogliere abbastanza fiato «sedizioso. Sei fottuto, coglione».

I guardiani lo trascinarono via per le ascelle, più morto che vivo. Fuori dall'edificio la folla si apriva quel tanto che bastava per lasciarli passare, sulla strada in salita che portava alla cinta della fortezza. Carvajal non si accorse nemmeno che un passante, un uomo con un completo di lino beige e un cappello di tela in testa, gli infilava un bigliettino ripiegato nella tasca posteriore dei pantaloni. Non era molto ma, standando come stavano le cose, era il massimo che Lagrange poteva fare per lui.

«Natalia, mamma, dici che Gaspar torna?».

La camera era buia. Natalia si era appena stesa nella sua metà del letto, solo per scoprire che Juanito non dormiva ancora. Nella notte calda, il cacciatore bambino sedeva sul davanzale della finestra, che avevano lasciato aperta. Guardava fuori, poi tornava a guardare dentro.

Annientato come la prima volta nel matorral, si risvegliò sul pagliericcio umido. Usciva da un sonno vuoto di coscienza, con una fame atroce che gli strizzava l'addome. L'unica immagine stampata nella memoria era quella di un pozzo. Un pozzo visto dal fondo, con un piccolo anello di luce al posto del cielo.

L'ambiente in cui si trovava era freddo, ampio senza precisione. Sollevò gli occhi fino alla volta di pietra, ne ricavò l'impressione di trovarsi sottoterra. C'era movimento tutto intorno a lui. Il demone azzurro, il suo demone – aveva ancora un demone –, entrava in contatto con l'aura di altri suoi simili. Non si sentiva minacciato e tantomeno in grado di minacciarli. Puntò la mano tra i fili di paglia di cui era cosparso il pavimento, si mise seduto, lottò per mantenere aperte le palpebre. La puzza di cuoio conciato male veniva prima di tutto dal collare che gli avevano stretto intorno alla gola. Lo saggiò con le mani, era chiuso verso la nuca da un rivetto di metallo. Una nuova fitta gli attraversò lo stomaco, si riscosse almeno in parte. Lo stanzone era diviso in due spazi disuguali da un alto recinto di legno: da questa parte delle sbarre era rinchiuso lui insieme a molti altri, nudi – le bestie, gli veniva da chiamarli; dall'altra parte c'era solo uno stretto corridoio che costeggiava il muro fino a una scaletta di pietra, senza corrimano. Poi una porta sorvegliata da un uomo in uniforme di pelle.

Si tastò il petto per evitare lo sforzo di flettere il collo: era l'unico da questa parte delle sbarre a portare ancora i vestiti. Una differenza che non poteva durare. Attirati dai suoi movimenti, forse dal suo respiro affannoso, le bestie del porcile gli si fecero intorno. Come se avessero aspettato che si svegliasse. Si avvicinarono con delicatezza, gli poggiarono prima le mani addosso, perché si abituasse al contatto, poi cominciarono a sfilargli la maglietta.

Il pozzo, ripensava lui, le lunghe zampe del ragno. Il cerchio di luce in alto, eclissato dal corpo peloso di Circe.

Le bestie lo svestivano senza violenza, le bestie lo volevano simile a loro e con buona ragione. Perché oltre al terrore del pozzo, oltre alla loro più grande paura – il pozzo di notte, il cerchio di luce come una luna piena, il ventre peloso del demone ragno, l'eclissi –, potesse condividere con loro anche l'unica speranza. Mentre gli toglievano i vestiti, le bestie mormoravano. A mezza voce gli lodavano la dolcezza della custode. La bellezza della custode. Il tocco consolatore della sacerdotessa custode. Oppose solo una svogliata resistenza quando cominciarono a sfilargli i pantaloni. Mentre abbandonava la presa, la mano gli incappò in un pezzetto di carta che spuntava dalla tasca posteriore. Lo prese, lo spiegò, recitava soltanto: Gaspar Carvajal.

E così, sulla memoria del proprio nome, Carvajal cominciò a fondare la sua resistenza contro la realtà oppiacea del porcile.

Con le labbra protruse, senza badare alle pagliuzze che gli si incastravano tra i denti, Carvajal succhiava il pastone di mais dalla mangiatoia. Il mais dei tributi serve per alimentare le bestie del porcile. Glielo aveva detto Lagrange.

Carvajal aveva fame, fame fisica, adesso che il corpo sostentava sé stesso e il demone, e non viceversa. Adesso che il David Bowie azzurro mugolava per terra, piegato in due – quasi grufolava, a volte gli sembrava che mimasse un grugnito.

Carvajal succhiava e masticava. Doveva nutrirsi. Era l'unico modo che aveva per aiutare il demone, per restituirgli qualcosa di quello che il demone aveva fatto per lui.

La mangiatoia era posta a pochi centimetri dal suolo, subito oltre le sbarre del recinto. Il guardiano l'aveva riempita all'alba di quel pastone liquidissimo, ancora tiepido. All'inizio Carvajal aveva provato a raccoglierlo con le mani. Ma gli scappava tra le dita: era un metodo troppo lento per l'appetito di una bestia. E così si era inginocchiato come gli altri, aveva sporto la testa tra le sbarre, si era nutrito. Solo dopo, ritratto il collo dalla fenditura, aveva notato l'ometto che a pochi passi da lui si puliva la bocca con il dorso della mano. Aveva una scimmietta gialla e spelacchiata aggrappata alle spalle.

L'Indio Bruto si passò la lingua tra i denti, poi il dorso della mano sulle labbra per rimuovere gli ultimi resti del pastone.

Quell'uomo magro lo stava fissando. Il suo demone era azzurro e longilineo, con una bocca affilata di cui riusciva quasi a intuire le zanne. Che cosa voleva da lui? La coscienza appannata da una fame inestinguibile, non riusciva a interpretarne i tratti oltre la prima soglia della semantica. Gli occhi, la bocca, il mento… dunque un volto come tutti gli altri.

Finché l'uomo non lo chiamò per nome.

«Indio Bruto».

Indio Bruto, così lo chiamavano i suoi.

«Tu sei l'Indio Bruto» ripeté l'uomo.

La preda nel matorral... la fuga fino alle paludi di Circe, la colonna di Columbus... Columbus, il capitano... Tutto tornava vorticosamente.

«Prima del confine. Stanno ancora lì, si sono fermati e stanno aspettando».

«Che cosa aspettano?» chiese Carvajal.

«Non so,» piagnucolò l'Indio «come faccio a sapere? A me hanno detto solo: Indio Bruto, perché non ci vai tu? Sulla *sierra* ci puoi andare tu. L'idea è stata dell'Indio Feo, ha detto: Mandateci l'Indio Bruto che con i naturali ci sa fare, perché è un indio selvaggio. E io ho detto: Manco morto. E perché? Perché ho paura. Ma poi è arrivato il Guerriero giaguaro dell'Inglese, e ho avuto ancora più paura. La scimmia mi è scappata su un albero, dovevi vederlo il Guerriero giaguaro, grande, tutto verde, con la mazza in mano. L'Inglese mi ha detto: Perché non ci vai tu? Qualcuno ci deve andare, dai naturali...».

L'Indio Bruto scoppiava di gratitudine: non gli sembrava vero che Carvajal non gli serbasse rancore, che gli permettesse di restargli vicino e anzi cercasse la sua compagnia. Camminandogli accanto, ma mezzo passo indietro, l'aveva accompagnato fino a un angolo appartato del recinto. Lì si erano messi seduti per parlare, seduti a gambe distese come fanno le bestie quando formano i loro capannelli. E l'Indio Bruto gli aveva raccontato tutto. Confusamente, disordinatamente. Gli aveva raccontato della colonna di percorritori che li aveva raggiunti poco dopo la loro separazione. Di come fossero stati inquadrati nei loro ranghi, in cambio dell'incolumità. Del capitano che guidava la colonna, un certo Columbus, il cui demone aveva l'aspetto di un Orbo rosso – la sua presenza era insostenibile per l'Indio Bruto. Ma quello che più di tutti lo spaventava era il luogotenente di Columbus, l'Inglese, con il suo Guerriero giaguaro...

Poi si era interrotto così come aveva iniziato. Lo sguardo inebetito dalla riconoscenza, le braccia penzoloni lungo il busto grassoccio. Carvajal fu certo, e non ebbe mai a ricredersi, di aver guadagnato la sua lealtà.

«Quando chiudo gli occhi» gli disse dopo «continuo a rivedere la bocca di un pozzo. Io sono sul fondo, al buio. Vedo solo il cerchio luminoso dell'apertura, in alto».

«È il pozzo del ragno,» rispose l'Indio strizzando le palpebre e le narici «il pozzo della *duquesa*. Ti portano lì, per il pasto della *duquesa*».

Le bestie, intorno, camminavano quasi sempre a quattro zampe. Le più sane e forti andavano e venivano sulla paglia, annusavano, cacavano contro il muro in un angolo del recinto. Quelle più estenuate si limitavano a sopravvivere. Poco prima Carvajal aveva rivisto l'uomo dal montone nero. L'aveva riconosciuto dalle ciocche ormai inestricabili che gli coprivano la fronte. L'uomo era disteso su un fianco, gli colava la bava dalla bocca. L'Indio Bruto l'aveva guardato e aveva scosso la testa.

«Non dura più di due giorni».

Carvajal non si sentiva colpevole. Era più che probabile che di lì a poco lo stesso destino toccasse a lui. E del resto proprio in quel momento sedeva spalla a spalla con quello che poco tempo prima era stato uno dei suoi tre aguzzini...

La calma ottusa del porcile fu turbata all'improvviso dal rumore della porta che si apriva in cima alle scale. Tutte le bestie alzarono lo sguardo.

«È ancora presto per la custode. La custode arriva più tardi» commentò l'Indio Bruto sconsolato.

I tre guardiani entrarono vociando, armati di verghe e guinzagli. Sbatterono la porta del recinto, separarono una decina di bestie tra le più vivaci, le trascinarono via per il collare.

«Sulla sommità della collina, il Giardino: immagine terrena della perfezione» gli aveva detto il dottor Lagrange, ormai diversi giorni prima. «La purezza della sacerdotessa custode. Il potere magico di Circe. Sono elementi fondamentali per distogliere i coloni dalla terribile verità che soggiace alla vita nella foresta: la sopraffazione è reale, la colonia non è che un debole baluardo di fronte alla violenza caotica di queste nostre esistenze.

«Il potere benefico, l'influenza ordinatrice della fortezza si basano in definitiva su un ossequio scrupolosissimo alle forme. Quando le forme vengono minacciate, la repressione deve seguire immediata e inflessibile.

«Pena l'instabilità dell'intero sistema».

Ma al cadere del tramonto, anziché le grida dei guardiani con i guinzagli, un mormorio tiepido si diffuse per la mandria. Carvajal intuiva che qualcosa di diverso si stava preparando.

Come in una scena di resurrezione, una folata di vento spalancò la porta in cima alle scale. Non sarà stato granché come scenografia, ma per le bestie del recinto bastava. Poi, con un frullio muto delle ali, sorvolò la stanza un cardellino dalla maschera rossa e luminosa. I prigionieri lo riconobbero immediatamente.

Al passaggio dell'uccello Carvajal sentì un calore corroborante, come se un nodo nella pancia del David Bowie azzurro fosse prossimo a sciogliersi. Gli ricordò Juanito. Si ricordò di

Juanito. Sulla soglia del porcile comparve la sacerdotessa in abito cerimoniale.

Con quella coroncina di piume gualcite e fruste, la figura di Nina rasentava l'ironico. Ma era Nina, era la donna che stava cercando e la ragione per cui era entrato nel matorral, per cui aveva scoperto la foresta e risvegliato il demone. Di colpo Carvajal ricordò: non solo gli ultimi mesi nella casa nella palude, ma tutto quello che aveva preceduto la nascita del David Bowie azzurro. Si ricordò del Russo e di Città del Messico, di Yona il Topo, di Valencia, di Milano, e ancora indietro fino a Siviglia e a sua sorella Trinidad. Soprattutto si ricordò di Nina, e la nuova consapevolezza lo investì con tutto il peso che aveva sempre avuto. E di colpo Carvajal ritornò uomo, perché per sottrarsi al dominio di Circe basta ricordare di essere stati uomini. L'impero della *duquesa* si incrinò silenziosamente. Ma di questo, nemmeno Carvajal si rese conto. Era troppo concentrato sul tempo delle illusioni che gli si riapriva davanti, su quel sentimento invincibile di: ancora tu.

Quando la sacerdotessa custode scese nel recinto, le bestie le si fecero intorno perché carezzasse loro la nuca. Non osavano sfregarle le guance sulle ginocchia, né sollevare lo sguardo dai piedi di lei. E così non si accorsero che uno di loro aveva alzato la testa, che la custode stessa si era fermata a guardarlo distrattamente prima di proseguire il giro.

Soltanto per un attimo il cardellino dalla maschera rossa si era posato sulla spalla di un demone azzurro e magro, pettinato alla David Bowie.

Carvajal si sentì quasi ferito dalla freddezza di Nina. Non che si aspettasse uno speciale trasporto da parte sua… né tantomeno ci aveva visto un'indifferenza particolare nei suoi confronti. Ma quell'imperturbabilità la rendeva distante, irraggiungibile al punto da risvegliare una forma di gelosia. La gelosia per un mondo in cui non avrebbe saputo seguirla.

Il caporale Horacio spalancò la porta e si affacciò in cima alle scale del porcile. Il bull terrier rosso gli sgattaiolò fra le gambe, lucente di sinistra soddisfazione.

Scese senza fretta i gradini di pietra, poi fece girare sui cardini il cancello del recinto. Da poco le bestie avevano finito il pastone: erano rilassate, perdute nella loro quiete senza memoria.

Con uno scatto del braccio, il caporale afferrò per il collare un ragazzino dalle ginocchia sbucciate che gli stava trottando accanto all'inseguimento del suo demone lepre. Poi fu la volta di una donna di mezza età, con una grossa collana color dell'ambra che le illuminava il petto di bagliori fluorescenti. Il caporale Horacio li attaccò alle estremità dei guinzagli. Ma non aveva ancora finito.

Trovò il demone che stava cercando in un angolo dello stanzone, nascosto da un capannello di bestie grufolanti.

Eccolo. L'umanoide azzurro della palude. A giudicare dall'aura, non lo avevano ancora maltrattato troppo.

Pungolate dal bull terrier rosso, le tre bestie seguirono docilmente il guardiano fuori dal recinto e su per le scale. Poi per il corridoio bianco che portava verso la luce del sole.

Il caporale strattonò i guinzagli. Da giorni pregustava il sapore del sedizioso, di quel demone azzurro dai denti così affilati. Oggi l'avrebbe assaggiato per primo…

La voce leggermente roca della custode lo sorprese alle spalle. Maledizione, l'aura del cardellino era praticamente impercettibile.

La custode gli parlò brevemente, abituata a essere obbedita.

«Questo lascialo a me».

Stava indicando proprio il demone dal ciuffo azzurro.

Il caporale ingoiò amaro, ma eseguì senza fiatare. Staccò la bestia dal guinzaglio – la custode non ne aveva bisogno – e proseguì per la sua strada. Del resto, non era la prima volta che la sacerdotessa sceglieva una bestia da portarsi via. Per portarla a chissà chi, chissà dove.

La prima sorpresa fu l'erbetta soffice, superficie gentile sotto i piedi nudi.

Si trovavano in un immenso patio coloniale, un cortile quadrato interamente occupato dalla vegetazione. Dal centro, l'acqua di una fontanella zampillava in un sistema di vasche concentriche a irrigare il resto del cortile. A distanze irregolari erano stati piantati grandi alberi – alcuni ornamentali, altri da frutto – che nelle ore calde del giorno dovevano proiettare un'ombra quasi continua. Tra un tronco e l'altro correvano vialetti selciati di ciottoli ovali.

Carvajal seguiva la custode, seguiva Nina in silenzio. Il loro passaggio non destava alcuno stupore nei guardiani che piantonavano le uscite, e tantomeno negli ufficiali che senza fretta, i distintivi cuciti sul petto, percorrevano i vialetti del patio.

La scintilla dei disordini attecchì prima di tutto tra le paglie del porcile.

Nel tardo pomeriggio i guardiani erano tornati dalla città bassa, riportando indietro le bestie estenuate. Bavose, miserabili, le avevano guardate strisciare fino ai loro giacigli, dove si erano accasciate su un fianco in attesa di consolazione. Ma la consolazione, quella sera, non sarebbe arrivata. Il sole era calato da un pezzo e il cardellino dalla maschera rossa non si era ancora manifestato. La custode non si era fermata con loro, non aveva grattato loro le nuche setolose, non aveva ascoltato i loro lamenti.

Le bestie del porcile erano molto, molto scontente.

Appena la porta dell'appartamento si richiuse alle loro spalle, Nina gli gettò addosso un telo di cotone, perché si coprisse.

«Chi sei?» gli chiese.

«Non mi riconosci? Tu sei Nina».

«Chi ti ha detto quel nome? Nessuno qui mi chiama con quel nome».

«Come ti chiamano?».

«Io sono Dolaina».

«Dolaina? E che cosa vuol dire?» rise Carvajal.

«Vuol dire: "Nessun segreto è all'altezza di questo segreto"».

La sacerdotessa lo guardava imbronciata.

«Nina, perché mi hai fatto venire qui?» le disse avvicinando una mano alla mano di lei e grattandole il palmo con le unghie.

«Perché mi sembra di conoscerti da molto, mi sembra di conoscerti da prima».

Con il pollice, Carvajal le toccò le labbra. La bocca si aprì poco, come trasognata. Nina gli morse il polpastrello.

«Chi ti ha detto quel nome?» riprese poi. «Te l'ha detto lui?».

E così, mentre fuori si consumavano gli eventi che avrebbero portato alla caduta della colonia, Nina e Carvajal erano chiusi in camera come ragazzini.

Quando più tardi le fiamme della rivoluzione divamparono nel cortile del Giardino, loro erano ancora chiusi a chiave a scambiarsi frasi del tipo: «*Mi corazón, mi vida*», oppure: «Tienimi che mi perdo».

Nina era magra, aveva lividi sul corpo. Scopava e ricordava e alla fine disse qualcosa come: «Dimmi che sono all'altezza dei tuoi incubi peggiori». E poi ridevano, stavano ancora ridendo quando da fuori arrivarono le prime grida. Ma erano grida lontane, si sentivano appena attraverso quei vecchi muri di pietra.

Fuori dalla porta del porcile, il caporale Horacio digrignò i denti di fronte alla perplessità dei piantoni.

Come sarebbe a dire, la custode non è venuta?

Tirò la porta verso di sé, osservò dall'alto lo spettacolo inconsueto del porcile avvolto nell'oscurità. Non capitava spesso, ai guardiani, di scendere quelle scale dopo il tramonto. Ma il bull terrier rosso conosceva la strada e zampettò giù per i gradini di pietra senza mostrare la minima incertezza.

Il buio, interrotto soltanto dal chiarore dei demoni, dava alle bestie un'inattesa qualità spettrale. Si scostavano al passaggio dei guardiani, evitavano il contatto con il bull terrier rosso. Ma c'era qualcosa nel modo in cui distoglievano lo sguardo che suggeriva un tacito rancore.

Fu allora che il caporale li vide. In fondo, tra i pagliericci, oltre una schiera di uomini nudi che si disperse immediatamente all'avvicinarsi dell'autorità. Un demone roditore, piccolo ma fin troppo luminoso per una bestia del porcile, stava rosicchiando con pazienza e metodo le foglioline di un alberello violaceo. Per quanto debole, Horacio avvertì chiaramente il flusso di energia tra i demoni dei due prigionieri. Ringhiò ed estrasse il bastone dalla cintura. Gli altri guardiani erano pronti a dargli manforte.

Ai primi segni di ostilità, il roditore dal pelo lucente aveva abbandonato il pasto per frapporsi tra il suo ospite, una vecchia dagli occhi cisposi, e i canini scoperti del bull terrier. Non era certo un avversario difficile per il demone del caporale, ma dimostrò un'ostinazione fuori dal comune. Tanto che Horacio non riuscì a spezzarne la resistenza senza lasciarlo quasi completamente svuotato. Solo allora i guardiani allentarono la presa sulle altre bestie che si erano raccolte a osservare la scena.

Nel solaio della fattoria abbandonata, sul fianco meno frequentato della Collina, il Russo avvertì un brivido nello scheletro più intimo della colonia. Qualcosa aveva tremato. In fondo, nelle fondamenta della fortezza.

La sensazione lo scosse dal torpore di una lunga giornata d'ozio e di digestione.

Dal piano di sotto arrivò un grugnito. Era la bestia del porcile, il ragazzo che Nina gli aveva portato due giorni prima e che lui non aveva ancora consumato. Sentiva anche lui l'irrequietudine dei suoi simili?

Il Russo si passò la lingua sulle labbra, fece scattare le vertebre del collo. L'aura del demone piumato riempiva tutta la stanza.

La violenza dei guardiani contribuì indubbiamente al deteriorarsi della situazione, ma non fu la causa profonda della rivolta. La visita mancata della custode aveva colpito le bestie come un'ingiustizia intollerabile. Perché non c'è modo migliore di trasformare un miserabile in un disperato che privarlo del poco che considera dovuto.

All'alba della mattina seguente, l'Indio Bruto fu tra i pochi che accettarono il pastone distribuito dai guardiani. Forte della ritrovata coscienza che Carvajal aveva risvegliato in lui, aveva deciso di tenersi prudentemente ai margini dell'ammutinamento.

Quando, più tardi, i guardiani di servizio scesero nel recinto per scegliere le bestie da condurre alla città bassa, scoprirono con sorpresa che uno dei prigionieri li aspettava in piedi. Era una donna minuta e magra, i seni allungati le ricadevano sul torace come sacchetti vuoti. Gli altri, i quadrupedi, la osservavano guardinghi.

La donna sollevò le mani davanti al viso, guardò le palme graffiate. Le sfregò per spazzolare via la polvere. E come a un segnale convenuto altre due bestie guadagnarono la posizione eretta.

Quella mattina Natalia arrivò al mercato sul tardi, con il mulo carico e poca polvere d'oro in tasca. Ma una volta giunta alla spianata, anziché il regolare andirivieni della fiera, trovò soltanto un assembramento di contadini e allevatori intorno a una pattuglia di guardiani.

«Che cosa è successo?».

«Dicono che oggi non si fa mercato».

«E perché?».

«Non l'hanno detto. Però hanno chiuso le porte della città bassa».

L'avvenimento era fin troppo insolito per non aspettarsi delle evoluzioni repentine. E così Natalia decise di attendere come gli altri. Finché dal sommo della collina, oltre la muraglia del Giardino, si levò una colonna di fumo. Più che una colonna era un filo, ma denso e nero, e non accennava a smorzarsi.

Tutti gli occhi si alzarono verso quel segno inequivocabile del cambiamento.

«La fortezza brucia» mormorò qualcuno.

Allora gli allevatori ripresero la strada delle loro fattorie, inghiottendo in silenzio. Ma gli altri – ed era soprattutto gente dell'acquitrino –, gli altri rimasero a vedere.

Era già mattina inoltrata quando picchiarono furiosamente alla porta. Nina sussultò, e Carvajal si rese conto che un timore oscuro non l'aveva mai abbandonata, nemmeno durante l'amore.

Dal corridoio la voce di un guardiano li avvertì che la fortezza era in fiamme, dovevano lasciare immediatamente l'appartamento.

Nina scelse abiti comuni da un baule appoggiato contro il muro. A Carvajal diede un paio di jeans e una casacca.

Il diadema cerimoniale rimase appeso a un chiodo sopra la testiera del letto.

Dal solaio della fattoria abbandonata, sul fianco meno frequentato della Collina, il Russo osservava l'incendio della fortezza.

La rivolta lo preoccupava, certo: la gente degli acquitrini aveva già preso d'assalto la città bassa. Ma ben più allarmanti erano le percezioni che gli venivano dai confini della colonia. Un elemento imprevisto. Possibile che solo lui se ne rendesse conto? Cosa facevano gli ufficiali del Giardino?

Cominciava a chiedersi se non fosse il caso di salire in città a dare un'occhiata di persona. Dopotutto, il demone piumato aveva ripreso le forze. Dopotutto, la ragazza era il suo investimento da tutelare.

Per tutta la giornata gli ufficiali della fortezza unirono i loro sforzi a quelli dei guardiani e degli allevatori lealisti per soffocare la rivolta. Insieme costituivano il fior fiore dei demoni della colonia, e certamente avrebbero trionfato prima di sera sulla disorganizzazione degli ammutinati se non fosse stato per un elemento imprevisto.

Nel frattempo anarchia e sopraffazione dilagavano per la città bassa. Predatori affamati giunti dalla periferia della colonia si erano organizzati in bande per rastrellare i deboli e i dispersi. Una guerra territoriale si combatteva casa per casa, e le forze lealiste della *duquesa* non progredivano se non faticosamente.

Tutte le energie degli ufficiali erano impegnate nel contenimento delle bestie del porcile e nella pacificazione della città.

I naturali del villaggio arrivarono poco prima del tramonto. Erano saliti in armi alla Collina, e non erano soli – a che pro sarebbero venuti soli? Li guidava una forza esterna, una potenza conquistatrice che stava approfittando del disordine per incunearsi nella colonia. Che fosse in agguato da lungo tempo, in attesa del momento migliore? O passava per caso ai confini delle terre di Circe, e la perturbazione l'aveva attirata con la prospettiva di un bottino facile?

Per strada, nella periferia della città bassa, la soriana azzurra di Natalia affondava gli artigli nel demone di un allevatore – un castoro grasso, lucente d'olio, che sopraffatto si svuotava a suo vantaggio.

Intorno le aure dei demoni impegnati nella battaglia mandavano lampi.

Alle sue spalle un giovane naturale aveva appena puntato l'arco contro un guardiano che aveva per demone un caprone verde. Ma il caprone lo vide, lo caricò fulmineo e lo attraversò come se fosse fatto d'aria. Il giovane si accasciò, le mani strette sullo stomaco, ansando come se gli avessero strappato un organo, mentre il guardiano – con una smorfia infastidita – si tirava via la freccia dalla spalla.

Natalia ritirò gli artigli della soriana dal pelo del castoro. Decise che era il momento di abbandonare la mischia, di tornarsene alla casa nella palude. Ma poi fu trascinata in avanti da un nuovo assalto. Dal fondo della viuzza un manipolo misto di naturali e contadini spingeva verso l'alto, verso l'accesso della fortezza. Natalia si accorse con meraviglia che li guidava il dottor Lagrange.

Per evitare che le bestie insorte si unissero agli ammutinati della città bassa, il caporale Horacio aveva avuto ordine di bloccare l'accesso ovest della fortezza.

Per il momento gli uomini di Circe erano riusciti a contenere il dilagare dei rivoltosi, che dal porcile si erano concentrati nel patio centrale. Della custode nessuna notizia: i guardiani avevano ricevuto precise istruzioni per identificarla e trattenerla, ma sapevano tutti quanto fosse sfuggente l'aura del cardellino.

No, nemmeno il fiuto del bull terrier rosso sarebbe bastato a rintracciarne gli effluvi sottili nella calca dei difensori... se non fosse stato per il puzzo insistente – di embrione e di porcile – del demone che lo accompagnava. Il cane sbirro conosceva quell'odore. Con uno scatto delle mascelle si avventò sulla caviglia dell'umanoide azzurro.

«Fermi!» gridò il caporale, e fu l'ultima cosa che fece.

Perché quando il cane muso di topo lasciò la presa per mostrare i denti al cardellino, l'aura del demone David Bowie esplose furibonda. L'aria si tinse di bagliori elettrici e il bull terrier rosso si svuotò.

Ai fuggitivi non restava che forzare il blocco. E si erano quasi aperti la strada fino al portone e alle strade della città bassa, quando Carvajal, ormai allo stremo delle forze, fu raggiunto da una potenza troppo più grande della sua.

Il ragno – il ragno di Circe – sbarrava loro la via della Collina, dei pascoli e della *sierra*. Da Nina reclamava il prezzo per un regno perduto.

Nel fondo del pozzo, Carvajal allungò la mano fino alla caviglia di Nina. La accarezzò come in un mondo felice le avrebbe accarezzato il piede sotto le lenzuola.

Il cardellino della sua donna non volava più. Si reggeva a stento sulle zampe, la sagoma gli friggeva miserabilmente.

Senza poterci fare nulla, imbavagliato dalle forze congiunte dei guardiani e degli ufficiali, Carvajal aveva dovuto assistere mentre Circe, il demone ragno della *duquesa*, succhiava l'essenza del passero dalla maschera rossa. La delizia di Nina. Il suo tesoro.

Quando l'Indio Bruto uscì dal suo nascondiglio, gli ammutinati degli acquitrini e i naturali della *sierra* erano già penetrati nella fortezza.

Columbus fu tra i primi a irrompere all'interno della cinta. Era un uomo di media statura, magro, grigio d'aspetto. Sul cranio rasato portava i segni di una bizzarra deformazione: come se qualcuno gli avesse lasciato sulle tempie le impronte delle dita. Il suo demone era un capitano barbuto, un capitano di caravella con un vecchio elmo spagnolo in testa e una benda sull'occhio sinistro. Lo chiamavano l'Orbo. Ed era stato un demone famoso.

Lo seguiva un manipolo di uomini pronti a tutto, che grande peso aveva avuto nel rovesciamento delle forze lealiste. Per primo un dominatore del demone, l'Inglese, luogotenente di Columbus: il suo Guerriero giaguaro roteava una mazza guarnita di punte di ossidiana. Al suo fianco l'Indio Bruto notò un uomo allampanato, con un satellite rosso e furibondo che gli ruotava intorno alla testa. Sul taschino della giacca portava il distintivo degli ufficiali di Circe, ma combatteva al fianco degli insorti.

Un paio di ranghi più indietro venivano l'Indio Bravo e l'Indio Feo. Non appena l'Indio Bruto li vide, si gettò tra le loro braccia trattenendo a stento le lacrime. L'Indio Feo, da parte sua, sputò per terra e lo accolse come uno schiaffo sulla nuca.

«*Chingado Indio*, dove cazzo sei stato?».

Ma non c'era tempo da perdere. Columbus non li avrebbe aspettati.

All'uomo con il distintivo da ufficiale – lo aveva chiamato Lagrange – aveva chiesto di fermarsi a presidiare il patio. Poi si era lanciato sulle tracce dell'aura di Circe, per decapitare la colonia finché ce n'era la possibilità. A stento i tre Indios riuscivano a tenergli dietro nel marasma che era divenuta la fortezza.

Quando entrò nella fortezza in fiamme, il Russo sapeva esattamente cosa cercare. Scartava i duellanti avvinghiati gli uni agli altri, la luce terribile del demone piumato allontanava la curiosità della plebe.

L'aura del cardellino dalla maschera rossa era flebile, è vero, ma lui la conosceva nelle minime sfumature. Non per nulla era stato il miglior segugio della foresta. Ne percepiva la traccia come un filo di cotone, intatto attraverso la tormenta che imperversava nel vecchio palazzo coloniale.

Soltanto da una cosa si guardava. Adesso non aveva più dubbi sull'identità degli espugnatori. A ogni costo doveva evitare Columbus e il putrido Inglese, o questa volta avrebbe perduto tutto. Erano vicini, si avvicinavano ancora. Lo stavano braccando? O forse cercavano anche loro la ragazza? No, non era possibile…

Nel passaggio seminterrato che portava verso le segrete superò una banda di naturali che spogliavano il cadavere di un guardiano.

Poi lo avvertì, un sapore acido viaggiava lungo il filo sottile che lo legava alla ragazza… il gusto tossico del veleno di

Circe. Allora il Russo capì che non poteva fare più nulla per lei, e soprattutto capì perché le presenze degli invasori si avvicinavano sempre di più. Columbus e l'Inglese venivano per la *duquesa*. E lui, in quel vicolo cieco, si era cacciato tra l'incudine e il martello.

Restava solo una possibilità. Il Russo ridusse l'aura del demone piumato fino al suo nocciolo più riposto – ecco, la dissimulazione era perfetta. Poi tornò indietro di qualche passo, al cadavere del guardiano. I quattro naturali avevano finito di spogliarlo: uno si stava provando il gilet di pelle, un altro seduto per terra cercava di infilarsi i pantaloni…

Il Russo gli si gettò addosso azzannandogli una spalla. Ed ebbe il tempo di sentire il sapore del sangue prima che la mazza dell'altro naturale gli si abbattesse sulla testa.

Riverso per terra, con gli avambracci nudi provava a proteggersi dai colpi delle mazze. Mentre Columbus e i suoi gli passavano accanto, correndo, diretti alle segrete.

La *duquesa* lasciò la presa solo quando la porta del pozzo fu spalancata dall'esterno. Allora il ragno estrasse le zanne dalla preda, era il momento di difendersi o morire.

L'energia degli espugnatori vorticava intorno all'Orbo, il demone rosso di Columbus, dietro di lui si stava schierando il manipolo che aveva appena fatto irruzione nella segreta. Allo stesso modo, gli ultimi ufficiali stretti intorno a Circe avrebbero incanalato le energie residue nella loro *duquesa*. Così i due capitani, Circe e Columbus, si preparavano ad affrontarsi in quella che nella foresta era la forma più classica: cuneo di percorritori contro cuneo di percorritori.

Ma Columbus non era un avversario tradizionale. Non era venuto per eccellere nell'arte bellicosa dei *duques*. Columbus era venuto per distruggerla.

Quando l'Orbo rosso portò le mani alle tempie e strinse i denti, il volto della *duquesa* si contrasse in una smorfia di sanguinaria meraviglia, come se sperimentasse una qualità sconosciuta di dolore.

Il ragno fu sollevato in aria e poi ricadde. Gli otto arti cedettero come un elastico rotto, come la corda di un arco spezzato. Il dominio di Circe era finito.

Carvajal fece appello alle ultime energie per frapporsi tra Nina e la forza sconosciuta che aveva appena invaso il pozzo. Il demone azzurro si raccolse come una belva in trappola, aguzzando i denti, pronto a scattare. Ma sfinito com'era, non poté che opporre una misera resistenza quando il Guerriero giaguaro dell'Inglese gli piombò addosso.

Poco prima di perdere il respiro, appena prima di cedere al peso delle palpebre, Carvajal sentì la voce tremante dell'Indio Bruto:

«No, lui no, lui no. No, lui no».

Quando si svegliò, tutte le porte delle celle erano aperte. Nelle segrete non c'era più nessuno. Di Nina, neanche l'ombra.

6. La prima tribù

«Gente della palude, della Collina, del Giardino» aveva esordito il dottor Lagrange di fronte alla piccola folla radunata fuori dalla cinta della fortezza. Era la mattina successiva alla rivolta. Nella notte gli incendi del Giardino erano stati spenti, e adesso i nuovi dominatori della colonia uscivano incontro alla loro gente.

La morte della *duquesa* aveva segnato il definitivo tracollo delle forze lealiste, che in un colpo solo avevano perduto la testa che le dirigeva e il braccio che veicolava la loro potenza. Nell'anarchia sanguinaria che era seguita, il piccolo nucleo stretto attorno a Columbus – a cui si erano aggregati diversi residenti della colonia e addirittura della fortezza – era rimasto l'unico in grado di esercitare un'azione organizzata.

Quando le porte della cinta avevano ceduto, le bestie del porcile in rivolta si erano riversate nella città bassa, trascinando prigionieri quanti, tra ufficiali e guardiani lealisti, erano sopravvissuti alla battaglia. Fu l'inizio di un lungo, selvaggio banchettare. Fin troppi demoni dovevano placare la fame.

Ma verso l'alba le bestie nude e gli agricoltori della palude decretarono una tregua. Avevano capito che la fase distruttiva della rivolta doveva cedere il passo a quella costruttiva, se non volevano finire dispersi per le terre selvagge della foresta, paria alla mercé delle battute di caccia delle altre colonie. E così avevano raccolto i prigionieri superstiti – una cinquantina tra allevatori, ufficiali e guardiani – in un recinto allestito fuori dal grande cancello sud, e lì si erano messi ad aspettare che qualcuno venisse fuori.

Gli espugnatori si erano presentati poco dopo. Erano un drappello esiguo, ma le loro aure, dopo il furore della battaglia, erano eccezionalmente intense. Li precedeva il dottor Lagrange.

«Gente della colonia,» aveva esordito il dottore «il regno di Circe è finito. La fortezza ha un nuovo *duque* e il suo nome è Columbus.

«Columbus è un capitano giusto: riconosce i vostri meriti nel rovesciamento della *duquesa*. Sì, la caduta di Circe è soprattutto merito vostro. Vi siete guadagnata la vostra libertà. Nessuno vi porterà via il nutrimento che vi siete procacciato durante la battaglia di questa notte. Quanto al nuovo porcile che costituirete – perché sappiamo che tale è il destino dei vinti –, Columbus spera che il ricordo delle privazioni subite vi renda miti nell'amministrarlo.

«Ai naturali del villaggio della *sierra*, in ricordo del loro appoggio nella battaglia per la fortezza, concederete piena autonomia nel loro territorio. Non pagheranno tributi, non disturberete i loro riti.

«Delle terre della colonia sarete per il momento gli amministratori. Perché il cammino del vostro capitano non si ferma alla città della Collina. Columbus andrà più lontano, di colonia in colonia. Non si fermerà fino a Latitudine 0°, la fortezza centrale. Finché non avrà rovesciato l'egemone e la sua legge ingiusta. Finché non avrà liberato la foresta.

«Quelli di voi che vorranno seguirlo, non hanno che da unirsi alla sua colonna, sapendo che c'è da giocarsi tutto, per guadagnare tutto.

«Gli altri lo aspetteranno qui, e vivranno come sanno fino al suo ritorno. In sua assenza, raccoglietevi intorno al nuovo custode del porcile».

[Dal quaderno verde di Carvajal]
Di Nina, nessuna traccia. Eppure i tre Indios giurano che non le è stato torto un capello.

Che ragione aveva di lasciare la colonia?

Deve essere il Russo, Trini, deve essere tornato a cercarla.

Per mesi il Russo ha vissuto nella fattoria abbandonata, delle prede che Nina sottraeva al porcile per lui. Il Russo ha ancora un ascendente prodigioso su Nina. È possibile che l'abbia costretta, è possibile che lei abbia deciso di seguirlo.

Ma io devo ritrovarla, Trini. Sono sicuro che capisci. Che senso avrebbe avuto, altrimenti, arrivare fin qui?

Mi unirò alla colonna di Columbus. La cercherò di fortezza in fortezza.

È così: sono finito arruolato. L'Indio Bruto ha garantito per me, per quello che vale. Ma soprattutto ho la stima del dottor Lagrange, che è stato il primo tra gli ufficiali di Circe a unirsi a Columbus. C'è chi sostiene che fosse in contatto con gli espugnatori già da prima della rivolta nel porcile... Non mi stupisce che abbia subito anche lui il fascino del capitano.

Perché il carisma di Columbus è oracolare. Gli uomini distolgono lo sguardo dai segni che porta sulle tempie, come se fossero il marchio che lo distingue e lo consacra. Columbus parla poco alla truppa, sembra rifuggire le prerogative del suo ruolo. La notte successiva alla battaglia, nessuno l'ha visto nutrirsi. La presenza del suo demone – l'Orbo rosso – è sempre difficile da sostenere... eppure non è mai minacciosa.

Gli uomini mormorano sulle sue intenzioni: c'è chi dice che voglia distruggere la foresta, che voglia liberare per sempre i percorritori dai loro demoni. Ma è davvero questo, il desiderio dei suoi seguaci?

Lagrange dice che Columbus ha una missione per me. Devo scegliermi un compagno di viaggio.

Anche Natalia ha deciso di seguire la colonna. Juanito invece resterà qui, alla colonia. Sarà Juanito il nuovo custode del porcile.

Il nuovo *duque* si sarebbe trattenuto alla Collina per breve tempo, giusto quello necessario per consolidare i legami con i vassalli.

Nel frattempo avrebbe organizzato il corpo di spedizione con cui si proponeva di mettere a ferro e fuoco la foresta. Grazie alle doti logistiche del dottor Lagrange, la colonna si forniva di provviste e mezzi di trasporto. Tutti i giorni si presentavano nuovi volontari – agricoltori o naturali della *sierra* – che l'Inglese inquadrava nei suoi manipoli.

Ma quella pausa organizzativa sarebbe servita anche ad altro: Columbus aveva un progetto da realizzare, un piano di importanza capitale di cui pochissimi erano al corrente.

Carvajal accettò la missione senza esitare, e Natalia non capiva perché fosse così entusiasta di quell'incursione nella foresta più profonda, nel cuore delle terre inesplorate. Ma doveva avere le sue buone ragioni. Del resto, si era visto che tollerava male le lunghe attese.

Come compagno di viaggio, Carvajal scelse l'Indio Bruto, con cui aveva condiviso la prigionia nel porcile. L'Indio aveva già dimostrato una discreta resistenza alla fame del demone e soprattutto un'intesa spontanea con i naturali. Erano entrambe doti preziose per chi si volesse allontanare dalle piste battute dai percorritori.

[Dal quaderno verde di Carvajal]
Perché Columbus non se ne è voluto occupare di persona? Eppure, Trini, sarebbe così facile per lui...

Sarà vero quello che dice Lagrange, che Columbus non ama prendere con la forza ciò che può ottenere per vie meno cruente? O forse ci sono cose che la forza non basta a conquistare?

Ho deciso, Trini, di continuare a scrivere sul quaderno di Nina. Quello verde, che ho trovato nella stanza di doña Esther a San Miguel. I tre Indios me lo hanno restituito insieme allo zainetto che mi avevano sottratto nel matorral. Nello zaino ho trovato anche la lettera che non ti ho mai spedito. Meglio così.

Con tre muli, due per sé e uno carico di provviste, Carvajal e l'Indio Bruto si diressero a sud-est. Seguivano il profilo dentellato delle *sierras*, a mezzacosta tra le vette e la selva. Dopo vari giorni di marcia, quando il Pico del Cuervo si stagliava ormai inconfondibile tra le sagome delle montagne alla loro sinistra, piegarono più decisamente a sud per abbandonare i terreni d'altura.

In quell'ambiente sconosciuto Carvajal si avvaleva volentieri della guida dell'Indio, che sembrava perfettamente a suo agio. Gli aveva assicurato di poterlo condurre a valle fino ai grandi corsi d'acqua, dove avrebbero ceduto i muli e avrebbero pagato un trasporto in canoa dalle tribù Walaya.

Carvajal si nutriva appena. La maggior parte delle provviste servivano ad alimentare l'Indio Bruto e la sua scimmietta. Quanto al David Bowie azzurro, dal contatto con il cardellino di Nina sembrava aver imparato una certa generosa continenza: il demone alimentava il corpo dell'ospite con un flusso continuo e corroborante, senza per questo diminuire nella lucentezza e nella potenza dell'aura. Carvajal cominciava a chiedersi per quanto sarebbe potuto andare avanti prima di cominciare ad appannarsi.

Dopo una settimana di cammino avevano raggiunto il letto del Gaho. I Walaya dell'avamposto furono ben lieti di accettare i muli. Avrebbero messo loro a disposizione una flottiglia di due canoe, con quattro vogatori. Caricarono i residui delle provviste: di altro non avevano bisogno, fino a destinazione.

«Che ti succede, Indio?» chiese Carvajal di fronte all'incarnato cereo del compagno di viaggio.

«Non so nuotare, io».

Carvajal rise, facendo segno ai vogatori di partire.

Accanto alla canoa, incurante delle correnti, la scimmietta gialla dell'Indio Bruto si esibiva in un impeccabile crawl.

[Dal quaderno verde di Carvajal]
Non ti sembra naturale, Trinidad, che io scriva per te?

A chi altro dovrei scrivere?

Forse alla fine della storia affiderò questi fogli a una bottiglia di vetro, da abbandonare nel fiume. Non è escluso che passino l'oceano fino alla foce del nostro Guadalquivir, dove non attraccano più le caravelle. Allora qualcuno li troverà in spiaggia e te li recapiterà.

Forse non scrivo per te, invece. Forse scrivo per me.

Sei solo l'interlocutore di cui ho bisogno, sorellina? Per mantenere vivo il ricordo del mondo di fuori, che adesso mi sembra la mia vera forza, la vera differenza tra me e gli altri. Anche se nessuno qui sembra rendersene conto: né l'Indio, né Lagrange, né lo stesso Columbus.

Trovata Nina, è come se avessi ritrovato tutto: il passato, Trini. Città del Messico e la Spagna. La bionda Elsa e il pittore colombiano. Mi sento irrazionalmente fiducioso.

Città del Messico. Gennaio.

Un vento pungente si infila tra i cartoni del giaciglio, sul marciapiede. Si infila tra le maglie troppo larghe della coperta a righe. Morde sopra il culo, perché la felpa troppo corta non gli entra nei pantaloni. Striscia lungo la schiena e sulla pancia. Il vento si fa la tana nell'ombelico di Yona, raffredda anche le quattro tortillas che Yona il Topo si è ficcato sotto la maglietta, nella speranza di ritrovarle più calde la mattina dopo.

Di fronte allo studio della Calle dr Velasco, Yona il Topo non dorme. Yona apre e chiude le dita delle mani, per non lasciarle congelare. Apre e chiude le dita dei piedi, e aspetta la mattina.

Per due giorni e una notte, raggomitolati nelle canoe dei Walaya, Carvajal e l'Indio Bruto discesero i flutti schiumosi del Gaho, fino alla confluenza con il Grande fiume.

Lagrange l'aveva descritto a Carvajal come una lenta, immensa massa d'acqua. Nei tratti più ampi la riva opposta si perdeva nella foschia dell'orizzonte amazzonico, senza per questo somigliare al mare – il colore e il moto erano troppo diversi.

Quando la canoa si gettò nella nuova corrente insieme alle acque dell'immissario, Carvajal notò subito una differenza nella temperatura e nell'umidità dell'aria. Come se il Grande fiume segnasse drasticamente il confine tra la *tierra fría*, la regione montuosa dalla quale scendeva più vivace il Gaho, e la *tierra caliente* che si estendeva a perdita d'occhio – e con minime variazioni di altitudine – fino alla fortezza centrale e oltre.

Erano nel cuore delle terre selvagge che avviluppano il medio corso del Grande fiume. Lontano da tutte le colonie e dagli accessi della foresta. Dove si spingono solo i paria e i disperati. Ma delle imboscate dei paria non si preoccupavano troppo: il David Bowie azzurro era abbastanza solido da scoraggiarli, ed eventualmente respingerli senza correre rischi.

Ancora per tre giorni risalirono la corrente fino alla confluenza con il Sanya, poi a sud-ovest lungo il corso più stretto dell'affluente, fino alla foce triangolare del Manabé. Qui li depositarono i Walaya. Dove i flutti nerissimi del Manabé bruniscono per un buon tratto le acque più chiare del Sanya. Al centro di quello che un tempo era stato il territorio della Prima Tribù, celebre tra i popoli naturali della foresta.

Le indicazioni di Columbus conducevano proprio lì, sotto il grande ebano rosso che si intravedeva poco a monte della confluenza. Poi ancora per un paio di chilometri via terra, oltre l'ebano, seguendo la pista delle pozze.

Dopo la terza pozza di fango, la debole traccia del sentiero si interrompeva. Carvajal e l'Indio Bruto si fermarono.

Davanti a loro si apriva una breve radura, che ospitava solo due costruzioni. Lì, sullo sfondo di una capanna di paglia, un vecchio naturale – ma vestito alla maniera europea – si accaniva con un'ascia su un ramo secco. Ad ogni colpo, la lama ricadeva debolmente sul legno. Al vecchio bastavano appena le forze per scalfire la corteccia. Eppure quel lavoro lo assorbiva completamente: ai due visitatori, non prestava la minima attenzione.

Carvajal si schiarì la gola.

«Cerchiamo la casa di re Daniel» disse, anche se aveva già capito di essere arrivato.

Il vecchio alzò gli occhi e li guardò tra sorpreso e schifato. Ma si diede subito un contegno. Disse che il re li avrebbe ricevuti a palazzo.

Accanto al vecchio, adagiato su un fianco, c'era un cadavere disidratato. Sembrava il risultato di una rudimentale mummificazione.

[Dal quaderno verde di Carvajal]
Ho visto il vecchio, e ho saputo subito che ero arrivato. La radura con le due capanne corrispondeva perfettamente alla descrizione di

Columbus. E poi c'era il cadavere, la mummia. E soprattutto i segni sulle tempie del vecchio. I segni della deformazione cranica, come impronte di dita nel burro fuso.

I lunghi capelli grigi del vecchio erano raccolti all'indietro, assecondando il cranio innaturalmente oblungo. Era una deformazione armoniosa, a suo modo elegante. Al confronto, la sagoma sgraziata del cranio di Columbus sembrava il risultato di una manipolazione mal riuscita.

Abbandonata l'ascia per terra, il vecchio si avvicinò al cadavere rinsecchito.

«Alzati, maledetto!» disse tra i denti, sollevandolo a peso morto. L'aveva afferrato da dietro, passandogli le braccia sotto le ascelle, e adesso lo stava trascinando verso la porta della capanna.

«Perché tu sei un maledetto, Jeremías. Ricordatelo!».

Carvajal e l'Indio si scambiarono un'occhiata prima di seguirlo.

L'interno della capanna era avvolto nella penombra. Man mano che gli occhi si abituavano all'oscurità, Carvajal scorse due grandi sedie intrecciate con rami e liane. Per il resto, l'ambiente era disseminato di cianfrusaglie polverose: cocci di terracotta; lance, reti e ami appesi ai muri – avevano l'aria di non essere stati usati per secoli; maschere dai colori sbiaditi con i pennacchi rosi dalle termiti. L'unico angolo della stanza che mostrasse segni di una frequentazione recente era quello occupato da un tavolino coperto da un drappo viola e da un calice con la doratura scrostata.

Senza fare il minimo caso ai due visitatori, il vecchio aveva trascinato il cadavere fino alla più piccola delle due sedie. Ce l'aveva coricato prima di sbieco, poi l'aveva raddrizzato fino a ottenere un equilibrio che dovette sembrargli soddisfacente.

«Se almeno fossi buono a stare dritto» disse prima di sputargli in un'orbita vuota.

Poi si spazzolò la pancia, scrollò le spalle come se si fosse liberato di un peso e si adagiò sul secondo trono, assumendo una posa da re pensatore.

Solo allora parlò a Carvajal.

«Benvenuti, visitatori. A voi e ai vostri angeli custodi».

Carvajal capì, si piegò sul ginocchio e salutò: «Grazie, re Daniel».

L'Indio Bruto lo imitò dubbioso.

[Dal quaderno verde di Carvajal]
Il sistema di credenze di Daniel, il vecchio re pazzo, si basa su un uno sbilanciato sincretismo. Da una parte ci sono le vestigia dei culti tribali. Dall'altra un cristianesimo recente ma estremamente permeante. Shanah su un piatto della bilancia, il Cristo redentore sull'altro: aldilà, sepoltura, salvezza dell'anima... sono onnipresenti nei pensieri e nei discorsi del vecchio. I nostri demoni, li chiama angeli custodi.

Mi chiedo come abbia fatto il Vangelo ad arrivare fin qui.

Ad ogni modo, è meglio *assecondare il vecchio.*

Re Daniel non si mostrò troppo stupito quando Carvajal gli disse di essere venuto, per ordine di un re vassallo, ad aiutarlo nei lavori per il completamento del suo mausoleo. Disse che in effetti c'era bisogno di braccia... che Jeremías non la voleva capire, ma nemmeno loro potevano vivere in eterno, e i lavori dovevano procedere più in fretta se volevano vederne la fine.

«Passerete qui tre settimane, durante le quali sarete miei ospiti».

Ci mise un attimo a imbandire un pasto frugale – poca selvaggina secca e un tubero simile alla manioca, per benedire i quali si prese il tempo di indossare una stola. Poi li portò a visitare il monumento funebre. Oltre l'insediamento, nella direzione opposta rispetto al fiume. Al centro di un'altra piccola radura che a giudicare dal colore del terreno doveva essere stata ottenuta con un incendio.

Il mausoleo era una costruzione di pali e bastoni, un grande cilindro di legno bruno, alto circa quattro metri. La tettoia conica rivestita di paglia non era stata completata, tanto che gli elementi della parte posteriore della struttura – pure perfettamente levigati prima dell'assemblaggio – cominciavano a mostrare i segni delle intemperie. Ma sulla cima svettava già una croce di legno massiccio.

La porta era sbarrata da un lucchetto rugginoso. Il vecchio lo aprì con una grossa chiave, che ripose nella tasca della casacca.

Carvajal e l'Indio Bruto varcarono la soglia in religioso silenzio. Il primo dei vani era fresco, sorprendentemente spazioso. Anziché di incenso, profumava di resina. Era stato arredato all'europea, con semplicità e decoro: un tavolo, sedie, una cassapanca.

«Questa è la camera dei vivi» spiegava re Daniel.

Ma era evidente che nessuno dei mobili era mai stato usato. Non una macchia, non un graffio sciupava la superficie piallata del legno.

Addossato al muro, una sorta di leggio reggeva un volume rilegato in pelle.

«Una Bibbia?» chiese Carvajal.

«No. È un libro dei ricordi» rispose re Daniel. «L'ho scritto io, con le mie mani, per quando io e mio fratello saremo morti».

Si avvicinò al leggio, aprì una pagina a caso rivelando fitte colonne di una grafia minuta. Carvajal si sporse per leggere.

«È scritto in spagnolo» commentò.

«Che cosa credevi, stupido?» lo fulminò il vecchio, poi gettò un'occhiata affettuosa alla pagina. «È la storia della mia famiglia. È la storia della mia tribù».

«Mi piacerebbe leggerlo».

«Guai a te se ci provi. Questo libro non è scritto per te».

E chiuse rudemente il manoscritto con uno sbuffo di polvere.

[Dal quaderno verde di Carvajal]
Il vecchio non è neanche lontanamente in grado di concludere da solo i lavori del suo mausoleo.

Ancora una volta mi sorprende la capacità di Columbus di spremere l'impensabile dalle risorse della foresta. Il suo rapporto con i naturali, ad esempio...

L'alleanza con la tribù della sierra *per attaccare il Giardino è stata una manovra originale, ma non inaudita. Stando a quanto dice Lagrange, El Bicho – l'egemone, il nostro nemico – ha stretto spesso alleanze militari con i naturali. Ed è normale che Columbus cerchi di contrastarlo sul suo stesso campo.*

Ma re Daniel... chi altri nella foresta avrebbe saputo rintracciare l'erede della Prima Tribù?

Il segreto di Columbus, Trini, è la sua attenzione per l'irrilevante. La sua capacità di dare un ruolo a ciò che è minino e dimenticato.

Città del Messico. Gennaio.

Yona il Topo dorme da un mese fuori dallo studio della Calle dr Velasco. Non ha più il coraggio di entrare da quando ha scoperto la fine della dottoressa. Quello che le ha fatto il Russo.

Yona il Topo ci è ritornato una volta sola. Ha preso la coperta a righe dell'altro dottore – quello che diceva di chiamarsi Gaspar – ed è scappato.

Yona il Topo si stringe nella coperta a righe. È giorno, ma fa ancora freddo. Il sole è troppo basso, non supera nemmeno i tetti. La residenza è chiusa da mesi, e lui non ha dove altro andare.

Di fronte alla porta dello studio, la gente del quartiere passa distrattamente. Tutti, tranne quelle due donne. Sono straniere, due *güeras*. Una è bionda, con la pelle bianca. L'altra ha i capelli scuri e ricci. Guardano la porta chiusa dai sigilli, come se gli dispiacesse andare via. La bionda è già stata qui, Yona se la ricorda.

Le due straniere parlano tra loro. Quella che ha i capelli ricci sembra più triste dell'altra. Poi si voltano, tornano da dove sono venute. Ma Yona ha deciso di seguirle.

Carvajal aprì gli occhi nel buio. Fuori dalla capanna, mille specie diverse di insetti canori frinivano alla luna. Aveva sognato qualcosa, un sogno dal sapore antico, dal sapore di Prima Tribù.

Re Daniel, il vecchio pazzo, aveva steso per loro un paio di stuoie nella seconda capanna, quella che usava come ripostiglio e come magazzino per seccare la carne. L'Indio Bruto era ancora addormentato, piegato su un fianco con la bocca aperta, mentre la scimmietta pendeva pacificamente dai pali del soffitto. Il demone David Bowie era già in piedi, occupava quasi completamente la cornice della porta: stava aspirando lunghe boccate da una sigaretta industriale – dove avesse imparato quel vizio, Carvajal non provava nemmeno a immaginarlo.

Tiratosi in piedi, Carvajal gettò un'occhiata all'esterno attraverso una zona diafana del torace del demone. Non si muoveva nulla. Mentre attraversava la radura, la voce dei grilli bastava a coprire il rumore delle foglie secche sotto le scarpe.

All'interno della capanna principale, re Daniel russava... Il bagliore del David Bowie rischiarò tenuemente il pavimento coperto di ciarpame e il vecchio disteso su un paglericcio al centro della stanza. A pochi passi dalla sua testa, sul trono di rami e liane intrecciate, i suoi indumenti del giorno erano raccolti in un fagotto. I vestiti del re, nella sua sala del trono. Carvajal tastò la casacca. La chiave era lì, nella tasca.

[Dal libro dei ricordi di re Daniel]
Molti anni fa, quando erano ancora pochi i percorritori che si spingevano fino alla foce del Manabé, la Prima Tribù viveva unita e prospera sul fiume Sanya. Da sempre regnava sul popolo la stirpe dei figli di Anuha, i discendenti del dio del fiume, e nessuno aveva a lagnarsene.

Lungo il Manabé risalivano le canoe della Prima Tribù. I cercatori d'erbe ne riportavano l'adme e l'edera sacra, di cui soli conoscevano l'esatta collocazione. Mentre dal Grande fiume giungevano i Walaya con le loro mercanzie. Erano i più esperti navigatori della foresta. Le loro piroghe traboccavano di pelli, vasellame, monili d'oro dalle regioni remote del delta.

«Mi fa piacere che siate svegli» disse re Daniel sulla soglia della capanna, ignorando completamente le palpebre chiuse e il respiro pesante dell'Indio Bruto.

Poi lasciò cadere il mucchio di attrezzi che portava raccolti tra le braccia.

L'Indio sussultò al clangore, si sollevò di scatto e si guardò freneticamente intorno fino a riconoscere Carvajal.

«Jeremías dice che tanto vale cominciare subito» proseguì il vecchio. «Qui ci sono asce, seghe e pialle. Questa è la lima. Ci servono pali di yesquero per completare il tetto dell'ala nord».

Re Daniel non faceva un passo senza tirarsi dietro il cadavere di nome Jeremías. E spesso Jeremías parlava per bocca sua.

Se l'Indio Bruto, ad esempio, stava piallando i pali di yesquero, il vecchio gli si piazzava davanti e restava zitto per una decina di minuti, osservando il lavoro. Poi, subito prima di voltargli le spalle, sbottava:

«Jeremías dice che li assottigli troppo».

Trascinava la mummia passandole le braccia sotto le ascelle, tanto che a Jeremías si erano consumati i talloni e i malleoli. Di tanto in tanto l'Indio Bruto raccoglieva da terra un pezzo di pelle rinsecchita, lo annusava e poi lo gettava lontano piagnucolando.

[Dal quaderno verde di Carvajal]
La fame del David Bowie azzurro resta sopita. Che farei altrimenti, sorellina? Dovrei nutrirmi della scimmietta dell'Indio Bruto? Battere la foresta in cerca di paria sbandati?

Che cosa lo sfama, Trini?

Il pensiero di Nina? Il pensiero del corpo di Nina, che è tornato a occuparmi? Il pensiero di Nina è contrario ai bisogni del demone perché risiede nel corpo?

O forse la vita con i naturali smorza le esigenze del demone, in modo simile a come lo faceva Juanito, ma più efficace. Perché i naturali vivono nella foresta da prima dei percorritori. E del resto anche Columbus ha imparato a vivere senza essere schiavo della fame. Nessuno lo ha visto nutrirsi, dopo l'espugnazione. Che lo abbia imparato proprio qui?

La sera del primo giorno di lavoro, tornati alle capanne, mangiarono in silenzio quel poco che il vecchio re aveva da offrire.

Solo una volta Carvajal provò a sondare il terreno.

«Re Daniel, parlaci della Prima Tribù».

«La Prima Tribù?» rispose il vecchio senza smettere di mangiare. «Siamo Jeremías e io. Eccotela qua, la Prima Tribù. Dal primo all'ultimo».

Per qualche secondo ritornò il silenzio, screziato soltanto dal crepitio del fuoco.

«Ma un tempo...» riprese Carvajal «la Prima Tribù era potente. Erano guerrieri indomiti, custodi di segreti».

Il vecchio lasciò cadere il cucchiaio nella scodella.

«E tu come lo sai?» chiese stringendo gli occhi a fessura.

«Me lo ha detto Jeremías» rispose Carvajal.

«Ah, Jeremías!» sputò per terra re Daniel. «Farebbe meglio a tenere la bocca chiusa».

E si rimise a mangiare dopo aver sferrato un calcio alla mummia.

[Dal libro dei ricordi di re Daniel]
Regnava sul fiume Sanya il saggio e potente Moniba, della stirpe di Anuha. Egli viveva in una grande casa con la sua unica moglie, il figlio Soli, il fratello Avolé e il figlio di suo fratello, un giovane cacciatore di nome Arva.

In quel tempo i Walaya non erano più gli unici a risalire le acque del Grande fiume. Percorritori di una nuova specie erano stati avvistati. Parlavano lingue sconosciute e i loro demoni erano più voraci che mai. Si raccontava che avessero il volto coperto di peli, come una razza sconosciuta di scimmie.

«Jeremías dice che i legacci per la base del tetto devono venire più lunghi» commentò re Daniel di passaggio, senza fermarsi, trasportando una bracciata di bastoni.

Per tutta la mattina Carvajal aveva sfilacciato liane, per poi intrecciarne le fibre in cordicelle sottili. Dovevano servire a fissare gli elementi del mausoleo.

«Non possiamo comprare dei chiodi dai Walaya?» gli gridò dietro Carvajal.

«I chiodi fanno ruggine».

«L'ha detto Jeremías?».

«No, lo dico io».

I lavori del mausoleo procedevano di buona lena. In due giorni avevano completato la travatura della volta conica e si preparavano a rivestire quella che re Daniel chiamava l'ala nord.

Più complessa sarebbe stata la compartimentazione interna: l'edificio doveva essere diviso verticalmente in due piani – la soppalcatura era quasi ultimata – e orizzontalmente in tutta una serie di ambienti il cui disegno e la cui destinazione re Daniel non aveva ancora rivelato.

La sera, prima di cena, il vecchio re entrò nella seconda capanna senza chiedere permesso. Carvajal era chino sul suo quaderno verde.

«Anche tu scrivi un libro dei ricordi» disse il vecchio, e uscì dalla capanna con una manioca in mano.

[Dal quaderno verde di Carvajal]

La casa di re Daniel è terreno fertile per i sogni.

Forse perché la abitano soprattutto fantasmi.

Oppure i luoghi della foresta hanno memoria. Gli eventi vi lasciano una traccia che riecheggia nella mente di chi li attraversa. Saranno questi gli echi che hanno fatto impazzire il vecchio?

Per due notti di seguito ho sognato di cacce nel folto della foresta. Di corse lungo la pista delle pozze fino al fiume, nel territorio della Prima Tribù. Sogno di un giovane cacciatore: il suo volto si sovrappone a quello di Juanito, ma nel sogno so che è Arva, il figlio di Avolé. Nipote di Moniba, discendente di Anuha.

Il libro dei ricordi di re Daniel deve avermi suggestionato.

Carvajal si svegliò nel buio della capanna. Era ancora notte fonda.

«Animali che respirano, ma che non hanno odore» ripeteva tra sé e sé. Così dovevano apparire i demoni a un giovane cacciatore.

Carvajal ributtò il sogno nella periferia della coscienza e si tirò a sedere appoggiandosi sui gomiti. Il demone David Bowie sedeva in un angolo, con la schiena contro il muro. Era un filo smagrito, ma resisteva bene. Quanto all'Indio Bruto, bruto com'era si sostentava facilmente con le zuppe di manioca del re pazzo.

Scavalcando l'Indio addormentato, Carvajal uscì nell'umida notte tropicale. Purché dormisse anche il vecchio... Purché la chiave del mausoleo fosse nella solita tasca della casacca...

Doveva continuare a leggere.

[Dal libro dei ricordi di re Daniel]
Per proteggersi dai percorritori e dai loro demoni, la Prima Tribù ha perfezionato la tecnica di costrizione. Grazie alla manipolazione cranica praticata dagli sciamani, la natura impalpabile dei demoni diventa accessibile all'iniziato. Il demone si può toccare. Il demone può essere ucciso.

Al tempo di re Moniba, quando i percorritori erano ancora pochi, la tecnica di costrizione era più che sufficiente a proteggere il villaggio. Il demone si risvegliava raramente tra gli abitanti della foresta.

Il giovane Soli, figlio del re, praticava la costrizione sin dalla più tenera età. Moniba stesso gli aveva manipolato le tempie quando aveva solo poche settimane. Poi lo aveva addestrato, ne aveva fatto un maestro nelle arti della tribù, e nessuno dubitava che un giorno il giovane Soli avrebbe regnato come suo padre sul fiume Sanya.

Carvajal voltò la pagina del libro.

«*Storia del traditore Arva*» titolava il capitolo successivo. «*Il giovane Arva conosceva tutte le specie di scimmie, ma non aveva mai visto la scimmia rara, la scimmia bianca che parlava lingue incomprensibili*».

Sopra il tetto del mausoleo, i gridi degli uccelli notturni si facevano meno frequenti. Presto sarebbe arrivata l'alba.

Doveva fare in fretta. Tornare alla capanna. Mettere a posto la chiave prima che re Daniel si svegliasse.

[Dal quaderno verde di Carvajal]
È la storia di Arva, un giovane cacciatore che dimentica i suoi doveri verso la tribù quando nella foresta incontra una ragazza – una percorritrice vestita di seta e merletti alla maniera delle nobildonne ispaniche. La percorritrice non lo aggredisce, è stremata dalle privazioni subite. Poiché è diversa da qualsiasi altra creatura mai vista prima, Arva decide di prendersene cura. Le porta da mangiare, la protegge, e poco a poco se ne innamora.

Ben presto la gente della tribù si rende conto che un percorritore infesta la boscaglia intorno al villaggio. Lo considerano un pericolo, perché la prossimità di un demone può risvegliare il demone negli individui più deboli. È già successo... una specie di contagio, insomma.

E così Soli, figlio del re della tribù e cugino di Arva, viene incaricato di scovare e uccidere il percorritore misterioso. Ovviamente Arva farà di tutto per proteggere la ragazza...
Il sole è appena sorto, sorellina. Il vecchio deve essere già in piedi.

La lettura del libro dei ricordi si rivela fruttuosa. Presto potrei avere dei risultati da portare a Columbus.

Città del Messico. Gennaio.

Le due donne, le due straniere, se ne sono andate verso la stazione della metro. Poi, prima di scendere le scale, la bionda ha insistito per fermarsi alla *chocolatería* all'angolo. Hanno scelto un tavolino fuori, proprio accanto alla stufa.

Per Yona è facile ascoltare la conversazione.

«È una cosa terribile. Prima Nina... poi Gaspar. Pensarlo sulle tracce di quel Matikov mi fa accapponare la pelle».

Alla menzione di Gaspar, Yona ha aguzzato le orecchie. Figurarsi quando sente nominare Matikov, il Russo.

È stata la bionda a parlare, quella con il cappotto imbottito. L'altra porta una giacca troppo leggera per l'inverno di Città del Messico. Ha la faccia stanca, occhiaie profonde sopra gli zigomi. Sotto la giacca ha infilato uno sull'altro un paio di maglioni.

«Se c'è qualcos'altro che posso fare, Trinidad...» continua la bionda.

«Abbiamo fatto il possibile» la interrompe quella che ha i capelli ricci. «Di Matikov nessuno sa più nulla. La pista della Guzmán non porta da nessuna parte. Dove cazzo si è ficcato, quello stronzo?».

Come è triste, pensa Yona. Deve volere molto bene all'uomo della coperta a righe.

«E ora cosa pensi di fare?».

«Non lo so, Elsa, non lo so... Aspettare, no? Per ora torno a Siviglia. Prima o poi qualcosa verrà fuori».

«Hai ragione. Per il momento dobbiamo darci pace...».

Darsi pace... le due straniere devono darsi pace. Ma lui, Yona, lui no. Adesso sa cosa fare. Sulle tracce di Matikov... L'altro dottore, quello che diceva di chiamarsi Gaspar, sta cercando il Russo. Yona ha paura del Russo. Ma soprattutto lo odia.

Nel cuore della foresta, abbarbicato in cima al mausoleo di re Daniel, Carvajal passava la corda tra i pali e le travi del soffitto.

Così, un giro dopo l'altro. Senza fretta. Ci sarebbe voluto ben altro che un temporale per scoperchiare il rivestimento...

Mentre Carvajal lavorava alacremente al servizio del vecchio re, il demone David Bowie – più che stufo di giocherellare con la scimmietta – si divertiva a tenersi in equilibrio sulla punta della croce sommitale. Con un piede solo.

Qualche metro più in basso, all'ombra del fianco del mausoleo, re Daniel sedeva accanto alla mummia di Jeremías.

«Pagliaccio senza rispetto...» commentò distrattamente a beneficio di Carvajal.

Poi interruppe per un attimo il lavoro di piallatura per scacciare un coleottero che gli volava davanti agli occhi. Si passò una mano tra i capelli grigi, sulla fronte rugosa, sulla tempia innaturalmente deformata.

[Dal quaderno verde di Carvajal]
Il silenzio della foresta non esiste. Di continuo lo interrompe lo stridore degli uccelli, degli insetti, delle scimmie, lo scorrere dell'acqua e il frusciare delle foglie, gli schianti degli alberi caduti. Sono i suoni della vita che si nutre della vita che a sua volta si è nutrita della vita. Il silenzio della foresta non esiste.

Perché la Prima Tribù aveva tanta paura dei percorritori? Non sarebbe bastato scacciarli, tenerli a distanza? Ma la prossimità di un demone non è senza conseguenze. In un certo senso è contagioso... è già successo. La prossimità del demone può risvegliare il demone nei naturali. Soprattutto se la mente è debole, o il corpo malato. O magari in un bambino.

Carvajal aprì gli occhi. Stentava a riconoscere la capanna buia. Il sogno era stato morbido, caldo da sprofondarci dentro. Sapeva di ventre di Nina, di tette di Nina. Nel sogno il viso di Nina si sovrapponeva a quello della percorritrice, la ragazza per cui Arva si stava perdendo. «*Mi corazón, mi vida…*». Nel sogno Arva – che poi era Carvajal – si avvolgeva intorno al corpo di Nina, che era la fonte di ogni dolcezza e di ogni oblio. Al confronto la capanna era fredda, persino la notte dei tropici era glaciale.

Ma la luna era già alta, il vecchio re doveva dormire da un pezzo. Era tempo di lasciare la stuoia. A che serviva la nostalgia dei sogni?

[Dal libro dei ricordi di re Daniel]
Dopo aver provocato la morte del cugino Soli, il traditore Arva lasciò il villaggio. Non avrebbe più rivisto la foce del Manabé. Così la stirpe di Anuha abbandonò la Prima Tribù.

Ma Arva, con pochi sudditi fedeli, risalì il corso del fiume fino al Manay, il lago morto da cui nessuno fa ritorno. Lì, sulle acque nere del lago, fondò la Secessione. Dove la gente della tribù non…

…un respiro come un rantolo. Una sagoma. Una forma sulla porta del mausoleo.

Carvajal non ebbe il tempo di voltarsi, né di vedere il vecchio che serrava gli occhi e con i palmi si teneva le tempie.

La fitta nella testa, tagliente, lancinante – come una fucilata dall'interno del cranio. Aveva a che fare con il demone, ma era diverso da qualsiasi altro dolore che il demone gli avesse mai fatto provare.

«Traditore,» sibilava re Daniel «sabotatore! Di notte nel mausoleo, per violare i segreti della tribù».

Il David Bowie azzurro schiumava dalla bocca.

Inerte, abbandonato sul pavimento del mausoleo – nella profonda notte che seguì il dolore della costrizione –, Carvajal non smise di sognare. Sognò l'ultimo giorno di Soli, l'erede di Moniba, di cui le mancanze di Arva avevano affrettato il destino. E nel sogno, Carvajal sapeva che Soli era morto nel luogo esatto in cui re Daniel aveva costruito il suo mausoleo. Ecco...

...da due direzioni opposte, Soli e Arva arrivano correndo nella radura. Dove il demone della ragazza, un'aquila grigia, ha aggredito la bambina: la piccola Naya, figlia di Bome il falegname, che si è allontanata dal villaggio...

...il silenzio della foresta non esiste. L'urlo della bambina lo attraversa come una ferita già aperta...

«Eccomi!» grida Soli. «Arriviamo!».

...con le ali spalancate, l'aquila grigia copre la vista della ragazza – che è anche Nina – e intanto becchetta dal petto della piccola. Ma fuori dal petto non viene il cuore: il becco dell'aquila lacera la superficie di una specie di uovo, un uovo fluorescente e diafano, che coincide e si sovrappone alla gabbia toracica della bambina...

«Eccomi!» grida Soli. Poi serra le palpebre, un suono sottile fa il giro della radura. Sembra emanare dalle belle tempie oblunghe di Soli, tanto acuto da essere appena percettibile.

...il corpo della ragazza sussulta. E Arva – che è anche Carvajal – la vede crollare a terra, il bel vestito di seta macchiato di fango. Stavolta è lei a gridare e tremare, mentre il rapace si dibatte, senza riuscire ad alzarsi in volo...

«No! Aspetta!» grida Arva.

Soli schiude le palpebre, senza perdere il controllo del bersaglio. Che ha da gridare suo cugino?

(«No!» grida Carvajal tra i denti chiusi, sul pavimento del mausoleo).

Con tutto il suo peso, Arva si scaglia su Soli. Rotolano per terra, lottano.

«Alzati, scappa!» grida Arva.

...allora l'aquila grigia spicca il volo. In un frullare d'ali è addosso a Soli e gli affonda gli artigli nelle orbite. Mentre la ragazza fugge nel fitto della selva, strappandosi il vestito...

Quando Carvajal si svegliò, la luce era già forte. Per quanto tempo era rimasto incosciente? Era disteso sulla sua stuoia, nella seconda capanna. Re Daniel gli passava uno straccio umido sulla fronte rovente.

«Vecchio, per poco non mi lasci morto» disse Carvajal con un filo di voce.

«Sì, certo» gli rispose re Daniel. «E poi chi lo finiva, il mausoleo? Quel deficiente?».

In un angolo della capanna, l'Indio Bruto osservava la scena con apprensione. Evidentemente non lo allettava la prospettiva di proseguire i lavori da solo, sotto la direzione di re Daniel.

«Devi ringraziare Jeremías» proseguì il vecchio. «Ha il cuore tenero, si è affezionato a te».

Carvajal rispose con un grugnito. Poi si voltò sulla stuoia. Il David Bowie azzurro sedeva per terra, al suo fianco, la testa affondata tra le ginocchia. Il bagliore dei contorni era fioco ma ormai stabile.

«Adesso riposa» concluse re Daniel prima di lasciare la stanza. «Domani devi rimetterti in piedi. Domani riprenderemo il lavoro».

L'Indio Bruto si lasciò sfuggire un guaito.

[Dal quaderno verde di Carvajal]
Eccola, l'arma segreta di Columbus: è la costrizione della Prima Tribù, di cui a tutti i costi vuole perfezionare la conoscenza. Perché ciò che è bastato con Circe potrebbe non essere sufficiente contro l'egemone. No, re Daniel era troppo vecchio: le sue mani erano troppo deboli... Columbus vuole sottoporsi ancora una volta alla manipolazione

cranica. Nel luogo più remoto delle terre selvagge. Sul lago Manay, dove forse la Secessione conserva intatta la scienza della Prima Tribù.

E io? Che cosa voglio io? La foresta è il regno del desiderio, dove il desiderio si manifesta nella sua forma più pura. Nella sua forma concentrata, che è il demone. Nina è il mio desiderio. Il successo di Columbus mi porterà a Nina. Perché più di ogni altra cosa, forse anche più del Bicho, il Russo teme Columbus. Il Russo teme Columbus e lo odia. Me l'ha detto lei, me l'ha detto Nina. Nella sua stanza del Giardino, quando il pensiero del Russo la faceva piangere.

Città del Messico. Gennaio.

Yona finalmente sa cosa fare. Yona odia il Russo. Il Russo ha ammazzato la dottoressa. È colpa sua se la dottoressa non c'è più. È colpa sua se hanno chiuso la residenza e Yona non sa più dove andare. È colpa del Russo se anche l'altro dottore è sparito. Quello che ha lasciato la coperta a righe, quello che diceva di chiamarsi Gaspar. «Sulle tracce di quel Matikov» ha detto la signorina bionda, la *güera*. «Di Matikov nessuno sa più nulla» ha detto quella che aveva i capelli ricci.

Ma Yona un'idea ce l'avrebbe. Di certe cose per strada si parla, di certe cose per strada si sa.

Yona ha paura, ma adesso vuole trovare il Russo. E forse così ritroverà anche l'altro dottore.

[Dal quaderno verde di Carvajal]
Columbus libererà la foresta dai demoni. I demoni sono la forma concentrata del desiderio. Columbus vuole liberarci dal desiderio? Che cosa vuol dire che Columbus libererà la foresta dai demoni?

A quest'ora, la colonna che si preparava al Giardino deve essere pronta. Lagrange avrà raccolto le provviste, avrà organizzato i trasporti. L'Inglese avrà istruito le nuove reclute alla disciplina del cuneo. Ma il capitano non è con loro.

Tra pochi giorni incontrerò Columbus nel luogo del nostro appuntamento. Mi aspetta qui vicino, sul Sanya, mezza giornata più a valle. Presto lo raggiungerò, e insieme risaliremo il Manabé fino al lago Manay. Fino al villaggio della Secessione.

Ma prima... abbiamo un mausoleo da finire.

Due settimane dopo l'incidente con re Daniel, i lavori del mausoleo erano agli sgoccioli. Il pianoterra era stato diviso in due ambienti: la camera dei vivi, che custodiva il libro dei ricordi, e la camera dei morti, occupata da due letti di vimini e un altare.

Più laborioso era il disegno del piano superiore: la pianta circolare era stata ripartita in dodici settori radiali, dove re Daniel aveva accumulato giare di fagioli, carne secca, ceri per la cappella, spezie per l'imbalsamazione... insomma, tutto il necessario per un eterodosso viaggio ultramondano.

Ormai restava da ultimare solo il pozzo di comunicazione tra i due livelli del mausoleo.

Al tramonto, re Daniel guardava l'opera compiuta, e si fregava le mani e sorrideva. Era così contento che sembrava non vedesse l'ora di morire. Per provarlo.

«Spero che se ne vada prima Jeremías» aveva confidato a Carvajal, abbassando la voce. «Sento che senza di me non ce la farebbe a tirare avanti».

In equilibrio contro un tronco di palma, anche la mummia guardava la scena con una certa macilenta soddisfazione.

«Quanto a voi,» proseguì re Daniel indicando Carvajal e l'Indio «in cambio del vostro aiuto vi farò un regalo».

[Dal quaderno verde di Carvajal]
Il David Bowie azzurro si è ripreso. È in buona salute, e prospera. L'appannamento che era seguito al trauma della costrizione si è dissipato dalla sua aura senza lasciare traccia. Il demone è tornato

al suo equilibrio: non sento ancora il bisogno di predare. Del resto qui siamo così lontani da tutto... la guerra è lontana da qui.

È andata esattamente come diceva Columbus: il vecchio Daniel ci offre una ricompensa al termine delle tre settimane di corvée. Affrettare i tempi era inutile: il segreto non poteva essere rubato dal libro dei ricordi. L'ho imparato a mie spese: ci sono cose che non si prendono con la forza.

In cambio del lavoro dedicato alla costruzione del mausoleo, l'Indio Bruto chiese in dono un machete dal manico d'osso e una maschera di piume di pappagallo. Li aveva adocchiati sin dal primo momento tra le cianfrusaglie di re Daniel.

Il vecchio fu ben felice di offrirglieli: li benedisse e poi glieli porse cerimoniosamente, da signore a vassallo. All'Indio brillavano gli occhi dalla commozione.

Era la volta di Carvajal.

«Hai lavorato le tue tre settimane. Che cosa chiedi in cambio al tuo re?».

«Re Daniel,» rispose Carvajal «quello che più desidero non sono le perle del tuo tesoro, ma i frutti del tuo sapere».

«Chiedi pure, furbacchione» gli accordò il vecchio accarezzandosi il mento. «Ma ricorda che in passato la curiosità non ti ha reso buoni servigi».

«Vorrei conoscere solo una parola».

«Quale?».

«La parola d'ordine per la Secessione».

Il vecchio strabuzzò gli occhi. Girò la testa a destra e a sinistra, come uno che è caduto nell'agguato di un nemico invisibile. Poi lo sguardo frenetico si arrestò su un bersaglio: al suo fianco c'era la mummia di Jeremías.

«Tu...» scandì gonfiando le guance. «Tu...».

E si gettò sulla mummia come un ossesso.

«Maledetto!» urlava e sputava. «Un maledetto, sei! Boccaccia larga… alito di vescica!».

E intanto con tutte le forze prendeva a calci il cadavere. Quando Carvajal e l'Indio riuscirono a trattenerlo, aveva già spezzato una gamba della mummia, poco sotto il ginocchio. Stava ansimando, si vedeva che gli veniva da piangere.

Finalmente re Daniel rilassò i muscoli delle braccia e delle spalle, e Carvajal fece segno all'Indio di lasciarlo andare. E così il vecchio rimase in piedi sotto il suo mausoleo, a contemplare le conseguenze della propria furia.

Poi si chinò, raccolse la gamba spezzata borbottando: «Traditore, sei un traditore… gli hai detto della parola d'ordine… ma era un segreto, lo sapevi che era un segreto…».

E camminando come un sonnambulo sparì nel mausoleo. Carvajal lo trovò nella camera dei morti. Con la stola sulle spalle, benediceva uno dei due giacigli di vimini che occupavano il centro della stanza. Ci aveva sistemato mezza gamba di Jeremías. Un antipasto, pensò Carvajal, in attesa che la tomba li accogliesse entrambi per intero.

[Dal quaderno verde di Carvajal]
Il villaggio della Secessione non è posto in cui ci si imbatta senza volere. Ammettiamo anche che nella stagione secca – sarebbe impensabile durante le piogge – una piccola imbarcazione decida di risalire il Manabé fino al suo tratto più alto. Ammettiamo che imbocchi i rami secondari del fiume nella giusta sequenza, guidata dalla mano capricciosa del caso. Ammettiamo che sfugga alle sentinelle, che pure non abbandonano mai l'entrata del lago. Ammettiamo che scivoli inosservata oltre i dardi avvelenati delle cerbottane, oltre le onde cerebrali della costrizione, e prosegua nelle acque nerissime del Manay, il lago morto, dove di notte brillano soltanto gli occhi dei caimani. Ammettiamo che attracchi nel punto migliore – eppure è

ben nascosto –, a metà strada tra l'isoletta dei pellicani e il grande albero secco che spunta dalle acque immobili. Ammettiamo che l'equipaggio, sbarcato, prenda la direzione giusta nella vegetazione – il sottobosco è rado ma non ci sono sentieri, e gli abitanti del luogo non lasciano segni del proprio passaggio.

Ebbene, non basterebbe. Gli ipotetici viandanti passerebbero sotto il villaggio segreto senza mai notare le capanne immerse nel fogliame, gli orti pensili della medicina, i ponticelli di liane. Perché se è vero che il sottobosco è rado, tanto più impenetrabili sono le chiome degli alberi – così fitte che anche in pieno giorno il suolo resta immerso in una tetra penombra. Ed è proprio lì, nella canopia, dove la luce arriva ancora ma mitigata dal fogliame, che la Secessione ha trovato rifugio.

Quando Carvajal e l'Indio Bruto raggiunsero l'accampamento, Columbus aveva già percepito da tempo la loro presenza. Era venuto da solo – lo accompagnava soltanto l'equipaggio della canoa Walaya. Un grande capitano sa viaggiare in incognito nella foresta.

«Allora, come è venuto il mausoleo?» chiese per prima cosa, come se non aspettasse di sapere altro.

E Carvajal gli riferì le ultime notizie sul vecchio, le sue messe pagane, i lavori nella radura, la mummia di Jeremías.

«Sono contento» disse Columbus dopo aver ascoltato in silenzio. «Il vecchio re Daniel ha finalmente raggiunto il suo scopo. Credo che morirà in pace. Mi è sempre dispiaciuto di non essere rimasto fino al completamento del mausoleo».

«Vuoi sapere la parola d'ordine?» chiese Carvajal.

«Non è necessario. Tu verrai con me, risaliremo insieme il Manabé fino al lago Manay. L'Indio resterà qui ad aspettarci. Baderà al campo e alle provviste».

Carvajal si limitò ad annuire.

[Dal quaderno verde di Carvajal]
Quando Arva lasciò il villaggio della Prima Tribù, sapeva che non sarebbe più tornato. Sapeva che stava scegliendo la via dell'esilio, per sé e per i suoi discendenti. Da quel momento in poi la Secessione avrebbe vissuto nel più totale isolamento: la curiosità del mondo era costata troppo cara al suo fondatore.

Con una sola eccezione. Prima di partire, lo stesso Arva concordò una parola d'ordine che avrebbe permesso alle sentinelle del Manay di riconoscere i fratelli della Prima Tribù. Di generazione in generazione, le parole segrete di Arva sono state tramandate alla stirpe di re Daniel. Ma fino a oggi nessuno ha mai provato a ristabilire i contatti con la Secessione.

Sotto i colpi dei vogatori, la canoa scivolava regolarmente sull'acqua. Carvajal era seduto al centro, tra le vettovaglie delle guide. Columbus era in piedi, a prua, come un condottiero d'altri tempi. Ai loro lati scorrevano le rive del Manabé, nascoste dalla muraglia compatta della vegetazione. Alla vista o al suono dello scafo, branchi di scimmie invisibili lanciavano grida d'allarme.

Sin dalla confluenza con il Sanya, Carvajal aveva notato la tonalità più nera dell'acqua del Manabé. Animata da una corrente debolissima, la superfice si trasformava in uno specchio perfetto che rifletteva gli alberi e le nuvole come un mondo ulteriore.

A prua, il demone di Columbus coincideva alla perfezione con la sagoma dell'ospite, al punto che le due immagini – quella umana e quella incorporea – si alternavano impercettibilmente a ogni battito di palpebre. Per un istante era la fronte alta dell'Orbo, con la benda tesa sull'occhio. L'istante successivo erano le tempie deformate di Columbus, segno indelebile della sua alleanza con le forze primitive della foresta.

Nelle pause della navigazione, Carvajal si avvicinava al capitano. Si scambiavano dettagli sulle loro esperienze alla corte di re Daniel e della mummia Jeremías, da cui il vecchio re non si separava mai.

Columbus sorrideva dolcemente e commentava: «Avevi mai visto un amore più disperato?».

[Dal quaderno verde di Carvajal]
Il vecchio ha pregato a lungo sulla gamba spezzata della mummia. Quell'anticipo di funerale è durato tutta la notte.

Poi, verso l'alba, è tornato alla radura principale, dove lo aspettavamo con i bagagli pronti. Aveva in mano il libro dei ricordi. Ha detto che Jeremías aveva ragione. Che aveva fatto bene a parlare, e che in ogni caso un re non si può rimangiare una promessa: mi spettava la ricompensa che avevo chiesto.

Allora mi ha preso in disparte – non voleva che l'Indio sentisse – e mi ha recitato due volte la parola d'ordine per il villaggio della Secessione. Me l'ha fatta ripetere, voleva essere sicuro che avessi capito bene. Poi mi ha ficcato in mano il libro dei ricordi. Ha detto: «Questo portalo a loro. Sono gli ultimi parenti che ci restano».

Ci ha ripensato all'ultimo momento. Quando l'Indio e io gli avevamo già dato le spalle, diretti alla pista delle pozze. Mi ha richiamato: voleva il libro indietro, solo per un momento. Si è seduto per terra, ha scorso le pagine fino al punto che cercava e poi ne ha strappata una. «Non voglio che la leggano» mi ha detto. L'ha lasciata a me. «Fanne quello che vuoi».

Ho piegato in quattro la pagina del libro dei ricordi. La tengo qui, nel quaderno verde di Nina.

Il lago morto del Manay si spalancò subito dopo un'ansa di quello stretto ramo di fiume.

Ad un cenno di Columbus, i vogatori Walaya interruppero la remata. La canoa si arrestò, ondeggiò impercettibilmente. Adesso l'equipaggio ascoltava i fruscii delle foglie, i canti di uccelli sconosciuti che cantavano in lingue sconosciute. Dunque era quello il luogo che Arva aveva scelto per il proprio esilio.

Columbus ordinò ai vogatori di riprendere, lentamente. Ma li fermò subito dopo con un gesto della mano.

«Le sentinelle sono qui» disse. Per poi aggiungere, rivolto al capo dei vogatori: «Parla con loro».

Il Walaya chiuse le mani a cono intorno alla bocca e gridò qualcosa nell'antico idioma comune della foresta. Una voce gli rispose dagli alberi della riva.

Fu Columbus a tradurre per Carvajal.

«Dice che vuole le parole, se vogliamo vivere».

Mentre l'aria cominciava a riempirsi di un doloroso ronzio, che solo i due demoni sembravano capaci di sentire, Carvajal si alzò in piedi nella chiglia traballante della canoa. Poi ripeté a voce alta le parole che re Daniel gli aveva insegnato.

L'arrivo della spedizione di Columbus al villaggio pensile della Secessione fu accolto dallo sbalordimento generale. Non solo la presenza dei percorritori, ma la stessa apparizione dei vogatori Walaya con i loro tatuaggi pettorali era un avvenimento senza precedenti per il popolo della canopia. I bambini sciamavano intorno al drappello degli stranieri, toccavano loro i vestiti e la pelle. Lo sguardo dei vecchi indugiava sulle tempie di Columbus, in cui la deformazione cranica appariva così maldestra rispetto all'eleganza oblunga delle teste dei loro iniziati.

In men che non si dica i visitatori furono dispersi nei quattro angoli del villaggio. A uno veniva offerta frutta appena raccolta, un altro veniva medicato contro i pidocchi, un altro ancora riceveva in dono un coltello di ossidiana. Un anziano prese per mano Carvajal e lo condusse per i ponti di liane a visitare i livelli sovrapposti degli orti pensili. Gli parlò a lungo nella lingua materna della Prima Tribù, senza far caso alla sua espressione perplessa.

Insomma, il villaggio era in festa. Come se di colpo avesse dimenticato le ragioni di secoli di isolamento, come se la formula pronunciata da Carvajal – che secoli prima Arva aveva affidato al popolo del fiume Sanya – avesse liberato la Secessione da un sortilegio.

Poi rapidamente le ciarle, i gridolini e le risate si calmarono. Come quando tra le foglie di un albero smette di soffiare il vento. Tutti gli sguardi si concentrarono in una direzione: il vecchio capo del villaggio, circondato dai figli, accompagnato dalla moglie Reyva e da un nugolo di nipoti, era uscito a incontrare i visitatori.

San Miguel de Pocazteco. Febbraio.

Come di comune accordo, i cani del villaggio saltano fuori dai cortili e si radunano all'ingresso del villaggio per latrare contro Yona il Topo. Yona si piega sulle ginocchia, raccoglie un sasso e lo lancia nel mucchio. Uno dei cani si ritira guaendo, il che non fa che raddoppiare la furia degli altri.

Un volto abbrustolito dal sole si affaccia a una finestra, poi scompare dietro l'imposta che sbatte. Yona non ha intenzione di gridare. Non è abituato a ricevere aiuto. L'ingresso di San Miguel gli è negato, ma poco importa.

Dalla sommità della collina vede già la strada che sa di dover seguire. La siepe, il bivio oltre il pino, il matorral.

L'Orbo, il demone rosso dalla benda sull'occhio, sedeva con le gambe accavallate fuori dal cerchio che gli abitanti della

Secessione avevano formato intorno agli stranieri, mentre Columbus rispondeva alle domande del re, discendente di Arva il cacciatore, sangue del dio del fiume – il re malato, a cui la moglie Reyva reggeva le spalle e il collo perché potesse guardare in faccia il visitatore.

«Straniero, tu sei un percorritore. Dove hai ricevuto il dono della costrizione?».

«I segni che mi vedi sulle tempie sono opera dell'ultimo re della Prima Tribù. Egli era già molto vecchio, da molti anni non praticava la manipolazione. Le sue mani non erano salde».

«Straniero, cosa ci manda a dire il re, dalla foce triangolare del fiume?».

«Vi manda in dono il suo libro dei ricordi. In queste pagine c'è tutta la storia della Prima Tribù, dal momento della vostra separazione fino a oggi».

Il re chiedeva e Columbus rispondeva. Conosceva bene l'idioma comune dei naturali, mentre Carvajal riusciva a seguire la conversazione soltanto grazie ai vogatori Walaya.

Poi la gente della Secessione volle ascoltare i ricordi di re Daniel. Columbus leggeva e traduceva per loro con voce sicura, senza esitazioni. Raccontava della fine di Moniba, morto senza eredi come il fratello Avolé. Raccontava dei nuovi percorritori, più forti e numerosi: erano arrivati solo pochi anni dopo, e la tecnica di costrizione non era bastata a respingerli. Columbus raccontava dei commerci con la nuova gente, della polvere d'oro e della polvere da sparo. Della fame degli angeli custodi e del nuovo dio, il dio cristiano.

Il re e sua moglie Reyva ascoltavano e sbalordivano. Il mondo era cambiato, avevano fatto bene a restare lontani dal Sanya e dal Grande fiume. Soprattutto li commosse la sorte degli ultimi re della Prima Tribù: Daniel e il fratello Jeremías, re cattolicissimi senza sudditi né popolo.

Columbus leggeva e il vecchio re malato annuiva nella penombra del crepuscolo. Annuiva e mormorava. Mormorava e annuiva.

[Dal libro dei ricordi di re Daniel]
I percorritori della nuova specie arrivarono in gran numero su canoe immense. Erano vestiti di bianco, e il loro capo si faceva chiamare Fraile.

Avevano la faccia coperta da lunghi peli. Amavano l'oro sotto forma di polvere. Disprezzavano l'arte di fondere monili.

Vennero più numerosi delle formiche e i guerrieri della Prima Tribù provarono a respingerli con la costrizione. Ma i loro demoni erano troppi, o troppo feroci. E ci insegnarono che i demoni non si chiamano demoni ma angeli custodi, e tutte le altre verità di Nostro Signore.

Lasciammo che prendessero ciò che erano venuti a cercare, e cioè alcuni dei nostri figli da educare nelle loro colonie. Solo alcuni tornarono, e avevano anch'essi un angelo custode. Dissero che gli altri erano rinati a una nuova vita. La vita che tutti aspettiamo. Che il Fraile ci ha insegnato ad aspettare.

Il vecchio re della Secessione, sangue del dio del fiume, era debole e malato. Sapeva che non gli restava molto da vivere.

Decise che, da custode dell'iniziazione, il suo ultimo gesto sarebbe stato offrire la manipolazione cranica a uno straniero. Peggio, a un percorritore.

Di notte, il villaggio pensile era immerso nel sonno. I visitatori erano stati festeggiati ben oltre il tramonto, poi li avevano condotti a una grande capanna, perché riposassero.

Quando le grida di Columbus squarciarono il buio e il silenzio, i vogatori Walaya saltarono in piedi e impugnarono le lance. Ma Carvajal li calmò. «Semmai,» disse loro «pregate per il vostro capitano». Quanto agli abitanti del villaggio, capirono immediatamente di cosa si trattava. È un uomo adulto, pensò qualcuno. Le ossa sono rigide, deve soffrire tremendamente: ma è un percorritore, un non morto, e dunque sopravvivrà.

Al sorgere dell'alba sul villaggio sospeso, il vecchio re sacerdote era stremato. Ma la manipolazione era andata a buon fine: lo straniero riposava su una stuoia nella capanna, presto si sarebbe svegliato. Le dita del re, che adesso sentiva deboli come steli d'erba, erano rimaste salde per tutta la notte. Con le parole della magia aveva sciolto le ossa delle tempie, le aveva rimodellate cancellando il primo intervento imperfetto. Aveva compresso la materia cerebrale e risvegliato il potere della morte – la tecnica di costrizione. Adesso stava al percorritore decidere come usarla.

Il vecchio re sapeva che gli anziani gli avrebbero chiesto spiegazioni. Ma era sicuro di aver preso la decisione giusta: in cambio lo straniero aveva promesso di non rivelare mai la posizione del villaggio sospeso. Il mondo era un luogo violento, terribile, e la tribù se ne sarebbe tenuta lontana. Non solo. Nell'uomo che si faceva chiamare Columbus, il re aveva creduto di riconoscere un animo puro. Diceva di voler liberare i percorritori dalla foresta, e al tempo stesso la foresta dai percorritori...

Il re era immerso in questi pensieri quando il sonno lo colse, con la testa posata sul grembo della moglie Reyva. Per tutta la notte gli era rimasta accanto e aveva dato forza alle sue mani. La vecchia lo guardò, gli accarezzò con le dita fresche i capelli bianchi, e intanto doveva chiedersi se dopo morti, nel paradiso di Shanah, si sarebbero ritrovati per sempre giovani o per sempre vecchi.

[Dal quaderno verde di Carvajal]
Alla fine dei conti, credo di aver pareggiato il mio debito. Columbus ha fermato la mano di Circe quando il ragno stava per prendersi Nina. Io ho dato a Columbus quello che cercava, e adesso lo riporterò indietro tra i suoi. Il tempo del viaggio gli basterà per ristabilirsi del tutto, sarà più potente che mai.

Per me verrà il momento di battere la foresta. Di cercare Nina. Da solo non ero niente: ora posso contare su Columbus.

Cazzo, Nina... arrivo. Mi fanno male i polmoni da quanta aria ci separa.

E così il re malato aveva ceduto il segreto della tribù per salvare il segreto del villaggio. Nessun segreto è all'altezza di questo segreto, si disse Carvajal.

Tre giorni dopo, appena Columbus fu in grado di viaggiare, i vogatori prepararono le canoe per ripartire. Carvajal avrebbe vegliato sulla convalescenza del suo capitano.

Nessuno degli abitanti del villaggio li accompagnò sulla riva del lago: il commiato si preannunciava più freddo del benvenuto. Eppure, arrivati alle canoe, si accorsero che un gruppetto di giovani li stava osservando da lontano. Quando i Walaya si avvicinarono, i ragazzi se la diedero a gambe abbandonando un manufatto rudimentale: in un tronco di palma, avevano provato a intagliare la chiglia di una canoa.

I Walaya scoppiarono a ridere.

«Con questa non vanno da nessuna parte. Questa si rovescia sicuro».

Si rovescerà la prima, pensò Carvajal, magari anche la seconda e la terza. Prima o poi ne intaglieranno una che non si rovescia.

Ma Columbus, disteso a prua, dava già ordine di partire, e i remi si tuffarono nell'acqua contro la loro immagine riflessa.

Altrove, nella foresta.

Nina – che era stata Dolaina, la custode, e che adesso era di nuovo soltanto Nina – si lasciò percorrere dal brivido che le era nato nel vuoto del ventre e si propagava fino alle punte dei capezzoli.

Da un mese viaggiava con il Russo nella terra dei paria divoratori, la terra selvaggia, la terra di nessuno. Li precedeva il demone piumato: era malnutrito, ma non per questo Nina aveva smesso di temerlo.

Intanto, per restituirgli un po' di forze, gli diede da bere una goccia dall'aura del cardellino rosso.

Parte terza

Quello che non mi uccide, mi mutila.

7. Tierra fría

Passò un anno. Un anno durante il quale la colonna di Columbus mosse a sud verso il centro della foresta, nelle lande senza legge che separano una colonia dall'altra.

La compagine eterogenea che aveva lasciato la colonia del Giardino si era trasformata progressivamente in un esercito compatto. Non erano più agricoltori della palude, non erano più paria raccattati dai quattro angoli della foresta. Erano combattenti segnati dalla battaglia e dalle privazioni, affamati di rivalsa, disciplinati dalla pratica del cuneo, pronti a tutto per il loro capitano.

Avevano perso alcuni compagni di marcia. Ma la loro morte non aveva fatto che rendere più uniti i superstiti. Tra una tappa e l'altra, nei territori deserti, avevano subìto i morsi della fame del demone. Ma la loro convinzione ne era uscita più forte: imparare a sopportare la fame era solo il primo passo verso il futuro della foresta, il futuro verso cui li conduceva Columbus.

Pensare che solo un anno prima avevano lasciato quasi tremanti i pendii dolci della città sulla Collina...

E adesso, ancora una volta, la colonna si avviava alla battaglia. Per questo stavano scalando le pendici della cordigliera.

Quasi per tutti gli uomini, le sagome dei picchi erano poco familiari. Il freddo penetrava sotto i vestiti leggeri. Il calore del demone li sosteneva, ma non sempre era sufficiente. Nel giro di una settimana sarebbero arrivati in vista della Montagna Sacra, la fortezza monastero. La roccaforte del Fraile e dei suoi monaci guerrieri.

[Dal quaderno verde di Carvajal]
L'estrema regione montuosa a nord delle sorgenti del Grande fiume è attraversata da grandi dorsali verde cupo. Da tre giorni la colonna percorre boschi e valli scoscese. La profondità delle gole risveglia antichi timori nel cuore degli uomini.

Chi ha bisogno di cibo se ne procura come può. In questo si rivelano preziosi i cacciatori naturali che costituiscono la nostra retroguardia. Nella colonna regna una grande disciplina, tutta fatta di piccole indiscipline.

La nostra meta è la Montagna Sacra, dimora del Fraile. È tra i luoghi più remoti della foresta, un eremo di asceti, di mistici, di cui pochi conoscono l'esatta collocazione.

Man mano che salivamo di quota, il freddo ci ha liberato dalla piaga della zanzara anofele. Ma per quelli che hanno già la febbre, che si sono già ammalati in pianura, le condizioni si fanno fin troppo dure. I demoni sono deboli, la prospettiva della prossima battaglia li rende avari con i loro ospiti.

A sera, nelle grotte, o al riparo degli strapiombi, gli uomini si riuniscono intorno al fuoco e raccontano storie di sapore coloniale. Alle genealogie dei duques *celebri – il Fraile della Montagna Sacra, la Rubia della Cascata, l'Andaluso di Deserto Rosso – sovrappongono frammenti di improbabili biografie personali... ed è commovente il loro bisogno di passato.*

Di tanto in tanto riaffiora anche il nome del vecchio Cacique, l'ultimo egemone prima del Bicho. Sotto le sue insegne serviva anche

Columbus con i suoi vecchi compagni: l'Inglese implacabile e Isabel dal demone saturo.

Mi affaccio sulla bocca della grotta. Seguo con gli occhi, nel buio della notte, le linee serpeggianti delle dorsali. Sembrano rettili enormi pronti a svegliarsi da un lungo letargo, per scrollarsi di dosso il peso dei pini e degli abeti.

Sulle origini del Fraile, il più antico dei *duques*, circolavano storie da *siglo de oro*. Qualcuno diceva che fosse stato adelantado nel vicereame della Nueva Granada, e che avesse preso l'abito dopo venticinque anni di avventure in Alta Amazzonia. Altri insistevano su un fatto di sangue all'origine della svolta religiosa, la vendetta promessagli dal figlio di un capitano avvelenato, o secondo altre versioni dai fratelli di una fanciulla spagnola di pelle bianchissima, sedotta appena sbarcata al porto di Santa Marta.

Ma su una cosa erano tutti d'accordo: aveva fondato lui stesso il monastero fortezza della Montagna Sacra, e lo governava da tempo immemorabile.

[Dal quaderno verde di Carvajal]
Si racconta che prima dell'ascesa del Bicho la Montagna Sacra fosse circondata di ghiacciai. Intorno alla fortezza sommitale, venticinque muraglie di ghiaccio e neve si levavano a protezione del Fraile e dei suoi chierici.

Si racconta che sotto l'egemonia del vecchio Cacique le sei colonie prosperassero, che i capitani conservassero autonomia e dignità, che l'obbedienza dovuta al trono di Latitudine 0° *fosse una questione soprattutto simbolica.*

Si racconta che Columbus fosse l'uomo migliore del Cacique, il primo dei suoi luogotenenti, e che gli sia rimasto fedele anche nei mesi successivi alla disfatta, quando il vecchio detronizzato cercava rifugio nelle grandi fortezze, tra i capitani a cui un tempo aveva accordato la sua protezione.

Si racconta che il vecchio Cacique rispettasse il Fraile. Che fosse un riguardo dovuto all'anzianità? O ai favori che secondo alcuni avrebbe ricevuto dal Fraile durante la propria ascesa? Fatto sta che la Montagna Sacra, asserragliata tra le nevi, godeva allora di una speciale indipendenza.

Ma oggi, alla vigilia della battaglia, solo sette ghiacciai proteggono la fortezza monastero. Il potere del Fraile non è che un vestigio di quello che è stato, altri diciotto ghiacciai si sono ritirati fino a scomparire, lasciando per unica traccia una pietraia grigia. Eppure la vista della muraglia bianca – la superficie tormentata dai crepacci – resta formidabile.

Se avremo fortuna, domani prenderemo la fortezza. Non riesco a pensare ad altro che a Nina.

Il grosso della colonna di Columbus si concentrò sul versante nord della montagna, dove un'unica, spessa parete di ghiaccio sbarrava il passo verso la vetta e la fortezza.

Per convogliare l'energia dei demoni, gli uomini si erano già disposti a cuneo. Al vertice c'era Columbus, punta di diamante dell'attacco, veicolo dell'ondata che avrebbe spazzato via il ghiaccio e con esso il potere del Fraile. L'energia della colonna gli sarebbe stata trasmessa dai suoi luogotenenti, che occupavano il secondo rango della formazione: naturalmente l'Inglese, il più esperto uomo d'armi della spedizione; poi il dottor Lagrange, l'organizzatore, il logista; e in ultimo Carvajal, che di recente aveva fatto enormi progressi nella compenetrazione con il suo demone azzurro. A sua volta ciascuno dei tre luogotenenti avrebbe ricevuto il flusso da tre sottoposti, i nove percorritori del terzo rango, e così via fino a esaurire la gerarchia piramidale della colonna.

Dacché i veterani avevano memoria, era stata sempre quella la maniera di combattere le battaglie campali nella foresta. Il capitano era in prima linea, è vero... ma era sicuro di poter resistere finché l'ultimo degli uomini non avesse versato l'ultima stilla di sé. Dopodiché il cuneo si sarebbe rotto. E ciascuno avrebbe potuto contare soltanto sulle proprie forze.

[Dal quaderno verde di Carvajal]
Alla Montagna Sacra, il ghiaccio è un'emanazione diretta del duque*: causa e conseguenza del mantenimento dell'ordine nella colonia.*

Forse per questo il ghiacciaio produce una sorta di radiazione, un'aura simile a quella di un demone, che tutti noi abbiamo percepito. Vi riverbera la vita di tutti gli occupanti della fortezza.

Tra i riflessi confusi delle aure dei difensori ho cercato quella del cardellino dalla maschera rossa. Trovarla, è l'unica speranza che mi ha condotto fin qui... e al tempo stesso prego che sia più lontana possibile dal massacro.

Tra poco formeremo il cuneo – due masse tremende di energia stanno per scontrarsi. La superiorità numerica dei difensori non ci spaventa. Confido almeno nel buon esito della battaglia.

Molti anni prima, a Latitudine 0°.

Quando El Bicho sferrò l'assalto che gli avrebbe consegnato la fortezza centrale, erano ancora pochi quelli che conoscevano il suo nome – mentre grande era la fama dell'egemone, il Cacique.

Anche allora le forze degli espugnatori erano in netto svantaggio numerico. Ma tale fu l'abilità del Bicho nel dirigere l'energia del cuneo – più che una punta di freccia, qualcuno disse che ricordava la lingua saettante di una frusta – che lo svantaggio di forze venne ribaltato.

Nessuno dei testimoni avrebbe mai dimenticato l'immagine amplificata della Maga che prendeva la testa dello schieramento, davanti agli occhi del Bicho, splendida e terribile nelle sue tinte guerriere. Presto fu noto a tutti, nella foresta, che la Maga era un demone incomparabile, capace di accogliere in sé una potenza straordinaria – e raramente meno di quella. El Bicho, da parte sua, sapeva assecondarla e al tempo stesso dirigerla. Il loro legame di compenetrazione era indissolubile... di più, aveva qualcosa dell'amore ossessivo.

E così il cuneo dei difensori cedette. L'egemone era caduto.

Ma gli uomini del Bicho non erano abbastanza numerosi da accerchiare efficacemente Latitudine 0°. Nel disordine che seguì lo scontro, il Cacique riuscì a sgusciare tra le dita degli assalitori. Sperava di riorganizzarsi, sapeva di avere alleati potenti nelle fortezze. Soltanto non era più il Cacique. Per gli uomini della foresta era già diventato il vecchio Cacique.

Finalmente il ghiacciaio cedette e la parete bluastra crollò con uno stridore quasi umano.

Carvajal occupava il fianco destro della formazione, la potenza di un terzo della colonna lo aveva attraversato come un cavo elettrico. Il demone David Bowie aveva gonfiato le vene del collo, tirato i tendini, stretto le palpebre a mezzaluna rovesciata. A Carvajal sembrava un miracolo essere ancora vivo, e allo stesso tempo non si era mai sentito così bene.

Per le prime ore dello scontro, Columbus aveva economizzato le forze. L'attacco del cuneo somigliava più a una litania sommessa che a un grido di guerra. Intanto il ghiaccio si liquefaceva goccia a goccia.

Poi era venuta l'esplosione. Il capitano aveva trovato la faglia che stava cercando – una minuscola leva su cui applicare la tecnica di costrizione –, e lo schieramento dei difensori aveva ceduto con uno schianto.

«È finita?» gridò Carvajal a Lagrange sopra il frastuono delle urla.

«È finita» rispose Lagrange. Aveva la fronte sudata, lo sguardo cupo, ma le labbra erano scosse da un tremito volitivo.

Spezzata la compattezza della parete di ghiaccio, lo slancio del cuneo si era disperso immediatamente in mille direzioni: la formazione era sciolta, i difensori erano in rotta e la fortezza in balìa degli espugnatori. Galvanizzati dal successo, gli uomini si riversavano nelle fenditure del ghiaccio verso la vetta.

Solo Columbus aspettava, più pallido del solito, in piedi accanto all'Inglese. E forse – non fosse stato per la grande fame dei suoi – avrebbe volentieri accordato clemenza a tutti gli sconfitti. Tutti, tranne uno: per il Fraile non avrebbe avuto compassione.

Ma non c'era fretta, il *duque* della Montagna Sacra non aveva vie di fuga, e prima o poi sarebbe venuto fuori. La fortezza era al tempo stesso un baluardo imprendibile e una prigione, una trappola per topi.

Molti anni prima, alla Montagna Sacra.

L'egemone sconfitto, il vecchio Cacique, era arrivato con un seguito ristretto. Soltanto tre dei suoi gli facevano da scorta quando bussò alla porta della fortezza monastero. Un semplice canonico gli fece strada nella prima aula. Gli disse che il *duque* era impegnato nella preghiera: il cerimoniale escludeva categoricamente che venisse interrotto ma certamente l'avrebbe ricevuto alla fine del rito.

Attraversarono una porta, poi un lungo corridoio che sbucava in un angolo del chiostro grande. Qui si fermarono. Il canonico invitò l'ospite ad ammirare la volta di ghiaccio che, oltre i fastigi del portico superiore, sovrastava i vialetti e le aiuole del cortile: la volta alta e bianchissima che diffondeva nel chiostro solo lo spettro più puro della luce, quello che meglio si addice a chi ha rinunciato alle cose del mondo.

Ma il Cacique lo guardò freddamente, come a dire che la fortezza gli era familiare, e ad ogni modo non era venuto per ammirare le variazioni del Fraile sul tema dell'architettura coloniale. Allora il demone del chierico rabbrividì. Era un ramo di salice, diafano, azzurrognolo, che gli teneva ombra sopra la testa rasata. I quattro visitatori lo videro oscillare, scosso da una brezza insistente. Il canonico dovette ricordare il voto di modestia della propria regola, e da quel momento mantenne un riguardoso silenzio.

Nella foresteria, le porte delle celle erano allineate tra le sobrie colonne di un'arcata. Lì avrebbero potuto ritirarsi e riposare fino alla fine della preghiera quotidiana, che si stava svolgendo nella cappella.

Il vecchio Cacique imboccò la prima porta alla sua sinistra. Columbus la seconda. Isabel la terza. L'inglese entrò nella quarta.

Carvajal afferrò il cadavere per i lembi della tunica bianca. Lo rivoltò. Fa che non sia lei. Scostò la ciocca di capelli biondi che copriva il viso terreo della donna. Non era lei. No. Non era lei…

Freneticamente, esplorava la Montagna Sacra. Si gettava sui cadaveri riversi, fiutava, cercava. Aveva già trascinato alla luce una donna tremante, una mistica della fortezza, che nascosta in un angolo ombroso del porticato guardava la fine del mondo che era stato il suo. Dall'interno di una cella aveva sentito un gemito. Si era lanciato contro la porta, l'aveva sfondata a spallate soltanto per trovare un vecchio barbuto che piangeva sul cadavere di un confratello.

Purché non fosse lei.

Quando sbucò nel chiostro grande, la volta di ghiaccio che sovrastava il cortile era già attraversata da una lunga crepa che lasciava filtrare obliquamente un fascio di raggi di sole. La calotta stava crollando: il vento spingeva già qualche sbuffo di neve nella spaccatura, e i fiocchi volteggiavano a lungo per il chiostro prima di andarsi a sciogliere sulle pietre levigate dei portici.

La fortezza monastero brulicava di espugnatori. Molte delle porte delle celle erano state divelte, altre si reggevano sui cardini per miracolo. A pochi passi da Carvajal, un uomo calvo – che era stato una bestia del porcile – era piegato sul corpo supino di una monaca. Fa che non sia lei. Con uno strattone Carvajal staccò il percorritore dalla preda. Un ramarro dai bagliori violacei si ritirò impaurito di fronte alla furia fiammeggiante del David Bowie azzurro, e l'uomo calvo corse via senza sapere perché. Ma non era lei. No. Non era lei…

Fu allora che arrivarono i cavalli. Spuntarono scalpitando da un'arcata laterale, preceduti da una calda zaffata di fumo. Qualcuno doveva aver dato fuoco alle scuderie, e le bestie – la gloria del Fraile, l'orgoglio dei suoi crociati – si erano lanciate in un disperato galoppo per i corridoi del monastero fortezza. Gli zoccoli ferrati scivolavano sui pavimenti di pietra, e più di un cavallo era rimasto zoppo.

Pazzi di paura, gli animali si raccolsero al centro del chiostro grande, proprio mentre un grosso blocco di ghiaccio si staccava dalla volta. Si abbatté sulla groppa di uno dei cavalli, con un rumore secco di ossa rotte. Gli altri si dispersero in tutte le direzioni.

Purché nessuno tocchi lei, si diceva Carvajal.

Molti anni prima, alla Montagna Sacra.

Per austeri corridoi di pietra, il canonico condusse i visitatori fino alla cappella maggiore del monastero. La funzione era finita: il Fraile li aveva mandati a chiamare, li aspettava con tutto il capitolo riunito.

Alla destra del *duque* erano schierati i teologi della Montagna Sacra, tra cui si distingueva Fray Pedro – il celebre autore del *De resurrectione in daemonion*. Alla sua sinistra i crociati – i missionari guerrieri – capeggiati da Fray Gonzalo, lo stalliere del Fraile.

Il vecchio Cacique si fece avanti tra le navate. La fuga da Latitudine 0° fino alla Montagna Sacra era stata lunga e irta di pericoli. Aveva lasciato segni evidenti sull'egemone caduto e sulla sua esigua guardia personale. I loro vestiti erano laceri, i visi emaciati e sporchi. Ma fu soprattutto la vista dei demoni – erano demoni famosi – a suscitare un fremito di stupore nell'assemblea.

Soltanto un mese prima l'intera corte del Fraile avrebbe tremato di fronte al Colonnello, il demone del Cacique, che adesso veniva dietro al suo ospite con le mostrine opache, la barba di due giorni, l'uniforme cachi tutta stracciata. E i baffetti gli fremevano, e gli sudava la fronte... ma lo sguardo era degno e profondo quando, senza un fruscio, si tolse il cappello davanti al *duque*.

Anche i demoni della scorta – di Columbus, di Isabel e dell'Inglese – tradivano nell'aura una sfumatura derelitta, tanto che un giovane capibara bluastro scese dalla spalla di un chierico per avvicinarsi ad annusare. Bastò un ruggito del Guerriero giaguaro per rimandarlo tra le sottane del suo ospite.

Il Cacique si fermò al centro della sala, ben visibile all'intera corte, fino ai canonici di più basso rango. Un silenzio da cattedrale raccolse le sue prime parole.

«Saluto il capitano» disse con voce chiara.

Tanto Columbus quanto l'Inglese drizzarono la schiena per salutare il Fraile, che si limitò ad annuire.

«Da molto tempo non visitavo la Montagna Sacra» proseguì il vecchio Cacique, ignorando il mormorio insuperbito che attraversava il capitolo. «L'ultima volta che ci siamo incontrati è stato a Latitudine 0°, in circostanze più felici di questa. Ma sono certo che, nel bene o nel male, l'amicizia che ci ha sempre legati resta immutata».

Era evidente che si rivolgeva esclusivamente al Fraile. Sul resto dell'uditorio non aveva posato nemmeno uno sguardo.

«Saluto l'egemone» parlò finalmente il Fraile.

Subito gli uomini della fortezza si irrigidirono nel saluto. Fosse anche solo per concedere un'ultima soddisfazione a un vecchio.

«Il Cacique è adesso come allora il benvenuto alla Montagna Sacra» proseguì il Fraile con una voce acuta, ma temperata dall'abitudine al comando. «Che parli liberamente di fronte a quest'assemblea».

Quando il cuneo dei difensori si era sciolto sotto i colpi della colonna di Columbus, i chierici del monastero fortezza si erano inginocchiati e avevano pregato per le proprie vite. Mai a memoria d'uomo la Montagna Sacra aveva subito un attacco del genere. Da molto tempo, forse da secoli, il Fraile si teneva fuori dai sussulti politici della foresta. Il trono di Latitudine 0° non gli era mai interessato, o perlomeno non gli interessava più…

E allora perché quel capitano aveva voluto spingersi fino alle altitudini della Montagna Sacra? A che pro espugnare un monastero, una colonia tutto sommato umile, le cui battute di caccia si limitavano ormai alla regione più impervia delle cordigliere? Quel Columbus doveva avere il diavolo in corpo… Che cosa cercava? I più anziani ricordavano di averlo già visto molti anni prima, bruno e taciturno, al seguito del Cacique sconfitto. Che fosse venuto per vendicarsi su di loro? Proteggi, Signore, il ceppo che la tua destra ha piantato.

Ma Fray Gonzalo non pregava con gli altri. Lo stalliere del Fraile ascoltava scricchiolare la grande volta, sentiva cedere il baluardo degli ultimi ghiacciai e non voleva sopravvivere alla Montagna Sacra. Poco importava che il nemico si mostrasse clemente o empio. Che rispettasse o violasse la sacralità del monastero. Gonzalo sarebbe caduto con il suo capitano.

Inspirò a fondo l'odore di paglia pulita della scuderia. I cavalli erano irrequieti: se nessuno li calmava avrebbero finito per scalciare contro le porte, ferendosi le zampe.

Su quei cavalli Fray Gonzalo aveva guidato le cacce dei crociati del *duque*, dai pascoli montani alle piste della foresta bassa, in *tierra fría* e in *tierra caliente*. Ma quelli erano altri tempi, prima del Bicho e del suo dominio avaro.

Lo stalliere sollevò il martello. Con un colpo preciso, fece saltare il chiavistello della prima posta, poi della successiva e della seguente, finché le porte di tutti i compartimenti rimasero socchiuse. Ma gli animali non sapevano ancora decidersi. Che fiutassero già il sangue e la morte fuori dalla scuderia?

Quando Fray Gonzalo appiccò il fuoco, il suo demone maniscalco non aveva ancora abbandonato il lavoro all'incudine. Ma i cavalli, sì, lasciarono immediatamente le poste e si lanciarono fuori dalla stalla. I suoni del galoppo sulla pietra riecheggiarono nelle grandi aule come tetri rintocchi.

Molti anni prima, alla Montagna Sacra.

«Inutile tacere oltre, uomini di religione, i motivi della mia visita» aveva esordito il vecchio Cacique di fronte all'assemblea dei chierici. «Avrete avuto notizia della caduta di Latitudine 0°. Un nuovo egemone siede in questo momento sul trono della fortezza centrale. E noi siamo reietti, perseguitati.

A quest'ora il Russo, il macellaio del Bicho, deve essere già partito sulle nostre tracce».

«Egli scaccia i demoni per opera del principe dei demoni» sorrise il Fraile cercando lo sguardo di Fray Pedro, il suo teologo, che gli restituì un inchino cerimonioso. «Matteo, nove. Se la memoria non mi tradisce».

«Dici bene, amico mio» riprese il Cacique. «El Bicho è davvero il principe dei demoni. Mai prima d'ora un capitano tanto arrogante ha dominato la foresta. Nella spregiudicatezza è la chiave della sua potenza, trionfa perché non pone limiti alla propria fame. Un demonio, principe di demoni. Ma badate, distruggerà quanto ha conquistato. Sotto la sua legge la foresta sfiorirà».

La corte adesso non mormorava più. Accanto al Cacique, il demone Colonnello stava in piedi con il berretto in mano e i bottoni della giacca rotti. Sopra le tempie aveva un accenno di calvizie, e gli zigomi spellati come per il troppo sole.

Fu la risposta del Fraile a rompere il breve silenzio.

«Sono un uomo di chiesa» disse. «Non sta a me giudicare sulle traversie del secolo. Anche se la chiamano fortezza, da molto tempo la Montagna Sacra è solo un monastero. Accetteremo come abbiamo sempre fatto le decisioni di Latitudine 0°. A Cesare dobbiamo dare quel che è di Cesare».

«Devo mettervi in guardia» rispose il vecchio Cacique. «Sotto El Bicho la foresta non sarà più la stessa. Non basterà la religione a salvarvi dalla sua voracità».

«Proteggi, Signore, il ceppo che la tua destra ha piantato» scandì il Fraile, seguito da tutto il coro del capitolo.

«Ma se i capitani si uniscono,» continuò il Cacique con trasporto, sovrastando le parole del salmo «se uniamo le forze, potremmo ribaltare la sorte. Risvegliamo le montagne, solleviamo le cordigliere se necessario, ma rompiamo questo giogo».

Il Fraile lo guardò corrucciato, studiatamente sorpreso.

«No. La decisione è presa» disse poi, rivolgendosi all'intera assemblea. «La Montagna Sacra deve obbedienza a Latitudine 0°. Da una ribellione aperta possiamo aspettarci solo sangue, e io ho la responsabilità del mio gregge. Il Cacique potrà lasciare la fortezza come è entrato, nessuno gli sbarrerà il passo».

Columbus, Isabel e l'Inglese stavano già per dare le spalle al capitolo, quando il Fraile riprese a parlare.

«Amico mio,» disse «non credere che le tue sventure mi lascino indifferente. Accetta il mio consiglio. Torna a Latitudine 0° e consegnati all'egemone. Sono certo che la vittoria l'avrà reso più mite».

Si interruppe per un attimo. Nella sua smorfia contrita, Columbus fu certo di riconoscere la soddisfazione ipocrita del prete.

«Fino ad allora, finché non ti sarai riconciliato con l'egemone, non tornare alla Montagna Sacra».

Non c'è. Non è qui. Nina non è qui.

La Montagna Sacra crollava disordinatamente. Blocchi di ghiaccio precipitavano nel cortile del chiostro grande, e gli zoccoli dei cavalli impazziti calpestavano i cadaveri abbandonati dei percorritori.

Fa che sia lei, fa che non sia lei, continuava a ripetersi Carvajal. La speranza di trovarla gli pulsava contro le costole. La paura di riconoscerla tra i morti gli tagliava il fiato.

Fu allora che lo sorprese un mugolio da dietro la porta socchiusa di una cella. Carvajal si avvicinò, spinse con diffidenza il pannello di legno.

All'interno, seduto per terra contro una gamba del letto, c'era un novizio della fortezza. Aveva gli occhi serrati, le labbra strette, con le due mani si teneva la nuca rasata. Sulle ginocchia flesse aveva uno scoiattolo rosso. Un animale piccolo, rimpicciolito se possibile. Teneva anche lui gli occhi chiusi come per rendersi più opaco che poteva, come per trattenere qualsiasi riflesso di luce, qualsiasi irradiazione dell'aura.

Il ragazzo era così sprofondato nella dissimulazione che non si era nemmeno accorto della presenza di Carvajal. Avrebbe potuto richiudere la porta come l'aveva trovata e chissà… forse lo scoiattolo rosso sarebbe sopravvissuto al massacro.

Ma la frustrazione di essere ancora lontano da Nina, unita al sollievo di non averla trovata morta, lo stava trascinando in una malinconia insidiosa. Avrebbe ceduto anche lui alla febbre dell'espugnazione?

Proprio in quel momento, sulla soglia della cella, comparve Natalia. Era sudata e impolverata. La soriana azzurra la seguiva a breve distanza, agitando minacciosamente la coda.

Natalia entrò nella cella.

«Che cosa cerchi?» le chiese Carvajal.

Il novizio era ancora immobile, raggomitolato contro le ginocchia. Non li poteva sentire, non li voleva sentire. Sotto il braccio teneva stretto un libricino. Carvajal lo sfilò delicatamente: erano appunti di teologia.

Poi Natalia si chinò sul ragazzo, che non ebbe il tempo di rendersene conto. Semplicemente il flusso cominciò a svuotarlo.

A lungo Natalia e Carvajal si alternarono sullo scoiattolo rosso. Per tutta la durata del pasto di sangue, il novizio rimase inerte. Tranne quando lo udirono sussurrare: «Padre, perché rinasco sempre con tanto dolore?».

[Dagli appunti di teologia del novizio]
La dottrina della rinascita di Fray Pedro deriva in maniera necessaria dall'esperienza del percorritore nella foresta. La scoperta del

demone porta la fede nel Vangelo su un piano successivo: crediamo nella verità del Vangelo, apprendiamo la verità del demone.

Quod natum est ex carne caro est
Ciò che nasce dalla carne è carne
et quod natum est ex Spiritu spiritus est.
e ciò che nasce dallo Spirito è spirito.
Non mireris quia dixi tibi oportet vos nasci denuo.
Non ti sorprendere se ho detto che dovete nascere di nuovo.

Perché dimentichiamo la nostra vita passata, la vita del mondo di fuori, prima della foresta? Sta scritto: non si versa vino nuovo in otri vecchi, ma vino nuovo in otri nuovi.

E chi ha detto che la vita nel mondo di fuori sia stata la prima? Secondo Fray Pedro attraversiamo una serie di rinascite successive che progressivamente ci approssimano al divino. Solo Dio sa quante vite abbiamo già vissuto e quante ancora ne dobbiamo vivere.

Crollata la volta di ghiaccio, l'incendio che era divampato dalle stalle terminò l'opera di distruzione della fortezza monastero. Fu subito ovvio che nessuno sarebbe rimasto ad abitare le rovine della Montagna Sacra.

Il Fraile era morto, Fray Gonzalo era rimasto sepolto nel crollo delle scuderie.

Il teologo Fray Pedro era sopravvissuto. Il suo demone saturo, un grande ulivo dalle radici profonde e dalle foglie immobili, era stato risparmiato dagli espugnatori. A lui si rivolsero i chierici superstiti in cerca di consiglio. In molti, con lui, scelsero di mettersi agli ordini del capitano vittorioso, a condizione di poter continuare a praticare la loro forma di cristianesimo.

Columbus non ebbe nulla da obiettare.

[Dal quaderno verde di Carvajal]
A volte mi sento perduto, Trinidad. Perduto in un mondo di desideri inselvatichiti. Mi rattrista non aver conosciuto una fede più salda. Non ho trovato Nina. Non questa volta.

Ho gettato il libretto del novizio tra le ceneri della Montagna Sacra.

8. Tierra caliente

Dalle alture della cordigliera, dove era sorta la fortezza monastero, la colonna di Columbus si rimise in marcia verso il basso e verso sud.

Al termine delle pinete di media quota, le piste ormai pianeggianti tornavano ad attraversare gli acquitrini della *tierra caliente*. Ancora una volta i più deboli tra gli uomini dovevano fare i conti con la fame e le malattie tropicali. Nel giro di una settimana, sette percorritori morirono di malaria: erano quasi tutti paria sbandati aggregati di recente alla colonna.

Ma le perdite e le privazioni non bastavano a raffreddare l'entusiasmo degli espugnatori vittoriosi, né la loro infatuazione per il capitano. Attraversando i pantani, un gioco si era diffuso tra gli uomini: misuravano la profondità delle impronte lasciate nel fango, perché era opinione diffusa che il corpo dei dominatori del demone si rarefacesse adeguandosi almeno parzialmente alla natura aeriforme dei loro simbionti. Più leggero il passo, più profonda la compenetrazione. Columbus preferiva non alimentare la venerazione del potere: per questo, quando c'era da calpestare un pantano, mandava sempre avanti un gruppetto di soldati. Quell'accortezza, però, finì per sortire l'effetto contrario a quello desiderato: gli uomini si convinsero che il capitano non avesse peso, che camminasse sempre a pochi millimetri dal suolo senza lasciare la minima impronta, ma preferisse nasconderlo per occultare la propria potenza.

Tuniche bianche, lunghe barbe rosse o corvine in contrasto con i tratti freschissimi del volto, i reduci della Montagna Sacra vivevano in volontario isolamento. Quando non erano troppo occupati nelle pratiche pie, si muovevano tra le tende del campo con indifferenza ascetica, sempre in gruppo, sempre biancovestiti. Le stuoie su cui dormivano, solo per poche ore a notte, erano disposte sotto un grande telo di cotone grezzo, teso tra pali di legno. Era un mistero come facessero a tenerlo così immacolato nella vegetazione grassa, vaporosa, appiccicaticcia della *tierra caliente*. Non meno sorprendente, del resto, era il nitore della tunica, la pulizia della fronte tersa, l'asciutto decoro della barba di Fray Pedro.

[Dal quaderno verde di Carvajal]
Fray Pedro, il teologo dal demone saturo. Poiché è stato l'ambasciatore del Fraile, abbiamo ottenuto da lui informazioni preziose sulla storia recente delle colonie e soprattutto sul nostro prossimo obiettivo – Deserto Rosso, territorio dell'Andaluso.

Al suo servizio diretto c'è il Tercio Viejo, un corpo di un centinaio di fedelissimi che a quanto pare sono disposti a farsi sgozzare per il loro duque. *Quasi certamente ci affronteranno fuori dalla fortezza, e magari a cavallo. Che vuoi che ti dica, Trini...*

Secondo il frate teologo, anche a Deserto Rosso c'è un demone saturo di un certo riguardo. Nel cuore della sovrastruttura della colonia, direbbe Lagrange. Accanto all'Andaluso regna una donna, una governante. E alla sua fantasia è attribuito un pittoresco costume locale: un harem, un harem di giovani concubine che sceglie personalmente per la soddisfazione del suo signore. E mentre l'Andaluso si unisce a loro nei giochi che lei stessa organizza, è al demone della governante, e non a quello delle concubine, che si unisce il suo demone.

Nel cuore di Deserto Rosso, la concubina dagli occhi azzurri scostò il velo del baldacchino.

Senza sonnolenza – era sveglia da tempo –, lasciò il grande letto che divideva con altre quattro compagne. Attraversò i cubicoli ad alveare dell'harem. Abbandonò i tappeti del padiglione per calpestare, a piedi nudi, la pietra fredda del cortile.

Si avvicinava l'alba. Tutto il palazzo dell'Andaluso era sprofondato nel sonno, fatta eccezione per gli uomini del Tercio Viejo di guardia al cancello e fuori dalle stanze del signore.

La concubina inspirò profondamente. Solo nell'ora nostalgica che precede le prime luci sentiva di coincidere pienamente con il proprio demone. È l'ora, si disse, in cui manca persino l'acqua alle fontane. Manca la fiamma a tutte le candele della torre, e le finestre sono buie.

A partire dai merli del cortile, si mise a contare le fessure oblunghe delle finestre, soddisfatta di trovarle nere come orbite vuote. Invece no, ce n'era una ancora accesa: era proprio la finestra del *duque*. Quale inquietudine turbava i sonni del signore di Deserto Rosso? La gente sussurrava di un'invasione. Tra i veterani del Tercio c'era movimento, una stilla di indisciplina.

O forse, più semplicemente, l'Andaluso si era attardato nei giochi con la governante?

Un'ombra attraversò il riquadro illuminato dalle candele. Al davanzale comparve una figura esile, quasi volatile. Ecco la regina infeconda della fortezza, pensò la concubina dagli occhi azzurri. Ecco la governante.

Il suo demone brillava fiocamente contro il muro della torre: una principessa discinta, dalle tinte violacee e lievi. La mano del demone si sovrappose a quella della governante per disfare un fermaglio dell'acconciatura, e i capelli ricaddero per metri sotto il davanzale, nel nero della notte, appesantiti dai propri bagliori spettrali.

[Dal quaderno verde di Carvajal]
Ho sognato Nina. In un sogno ossessivo, che più di una volta mi ha fatto svegliare sulla stuoia, ma solo per riaddormentarmi e sognare ancora. Ho sognato Nina nel palazzo di Deserto Rosso, Nina vestita di veli trasparenti, da mille e una notte. Con i seni dritti, e rotondi e dal sapore acre. Ho sognato Nina bagnata come un lago. Con un uomo tra le gambe e uno in bocca, tutti quelli che voleva lei. Con le dita delle mani invitava i soldati del Tercio alla sua festa. Le sue tette erano abbastanza per tutti, mentre inarcava la schiena e i capezzoli puntavano al soffitto. Poi con le dita arricciate dei piedi li invitava dietro le sue natiche.

Che notte. Che notte ho passato... Quando mi sono svegliato c'era già luce, e gli uomini del manipolo ridevano dei miei pantaloni gonfi. Non se ne vedono spesso, nella foresta. Qui nessuno mi può capire.

Forse mi può capire l'Andaluso, forse la sua governante, se è vero quello che dicono di lei.

Siamo ancora lontani da Deserto Rosso. Nelle lunghe notti tra una marcia e l'altra, gli uomini ingannano il tempo raccontando fantasie sul mondo di fuori.

Nelle pianure che anticipavano il letto del Grande fiume, la pendenza era tanto scarsa, la corrente tanto pigra che spesso i rami degli immissari si mescolavano tra loro, si univano e si separavano dando vita a intricati labirinti d'acqua.

L'avanzata della colonna si faceva lenta e difficile: spesso era necessario ricorrere ai traghettatori che il dottor Lagrange assoldava nei villaggi Walaya della zona. Ovviamente i mercanti naturali non perdevano l'occasione per proporre agli uomini il loro repertorio di paccottiglia: così passò di mano buona parte della polvere d'oro saccheggiata dai forzieri del Fraile.

«La foresta è l'Eldorado» diceva Lagrange durante la lunga notte intorno al fuoco. «Il miraggio dei *conquistadores*. La terra straripante d'oro, alla ricerca della quale gli uomini sacrificano la vita e a volte anche l'anima. Ma dell'oro ormai ci importa poco».

Per trecento grammi di polvere, Carvajal aveva comprato un paio di infradito.

L'incontro con la vecchia Curcuma aveva fatto la gioia e la fortuna dei tre Indios.

Curcuma mantecava ogni genere di grilli, ragni commestibili, farfalle allucinogene e no. Nelle notti fortunate arrostiva qualche piccolo mammifero, un pesciolino di fiume, o un uccellino scarno e tutto piume. Il suo ingrediente segreto era il verme-corazza: un centopiedi coperto di scaglie che quando si sentiva minacciato si raggomitolava su sé stesso e spruzzava liquidi urticanti ma profumati alla mandorla. Curcuma ne ricavava una salsa che si sposava meravigliosamente con la carne dei roditori.

Grazie agli scarti di cacciagione che l'Indio Bruto riusciva a procurarsi dai naturali della retroguardia, e soprattutto grazie agli intingoli nutrienti di Curcuma, i tre Indios se la passavano meglio di molti altri. Forse per questo, intorno al fuoco del campo, erano così loquaci.

A detta dei tre Indios, Curcuma era stata da giovane di una bellezza straordinaria. Nata in un piccolo villaggio del Michoacán, da una famiglia umile ma onorata, non le era mai mancato nulla fino alla morte prematura del padre. Allora la zia aveva consigliato di mandarla a servizio in casa di qualche notabile. Anzi, si era incaricata personalmente di spargere la voce che la ragazza era disponibile. A vederla ora, così secca e grinzosa, nessuno lo indovinerebbe, ma pare che la prospettiva di accoglierla sotto il proprio tetto abbia scatenato il tumulto della concupiscenza in più di un cuore di maschio michoacano. Di qui un'ondata di crisi familiari, scismi violenti, separazioni e sofferte riappacificazioni. Alla fine, per ristabilire la quiete, Curcuma era stata destinata al prete del villaggio. Per spianare la via all'iniziativa risolutrice, al brav'uomo era toccato avvelenare la vecchia Berça, la serva bitorzoluta che lo accudiva da più di vent'anni.

Dunque gli uomini si scambiavano storie sul mondo di fuori. Storie di varia complessità e di vario successo narrativo.

Tra le peggio costruite c'erano quelle dei tre Indios, che raccontavano di volta in volta e senza il minimo scrupolo di coerenza di aver giocato nelle Chivas di Guadalajara del '97, o di aver amministrato per vent'anni il calzaturificio di famiglia in Jalisco, o di aver esercitato per breve tempo la professione di saldatori sommozzatori prima di godersi un meritato *buen retiro* sulla costa caraibica.

Una volta l'Indio Feo, a conclusione di una goffa parentesi su una battuta di caccia indigena nello Yucatán, approfittò di un attimo di imbarazzato silenzio per interpellare Carvajal.

«E tu, che cosa ti ricordi della vita di prima?».

Carvajal ci pensò un attimo prima di rispondere.

«Mi ricordo che a lei piacevano le ossa del mio bacino, e a me le fossette della sua schiena».

Gli uomini scoppiarono a ridere. Il luogotenente voleva scherzare.

[Dal quaderno verde di Carvajal]
Ricordo. Incessantemente e travagliatamente. Di Nina, del mondo di fuori, di casa, di Nina, del cibo, di Nina, di casa. Di te, Trinidad. I miei ricordi sono meno sgargianti di quelli dei miei compagni di marcia. Se ne distinguono per molti versi: tanto per cominciare, sono veri.

Gli uomini inventano la propria storia perché sono bisognosi di passato? Perché la vita nella foresta non ha radici? Insomma, per tappare i buchi?

Persino Lagrange racconta di essere nato in Lorena, di aver studiato al Politecnico per poi emigrare in Guyana francese a metà degli anni Trenta, a lavorare per le compagnie del cacao. Persino Natalia racconta che il suo José, il padre di Juanito, era un pesce piccolo del narcotraffico a Oaxaca – l'autista del jefe *locale, o qualcosa del genere.*

Ma i miei ricordi hanno vita e calore. Gli altri ne sono scandalizzati e affascinati al tempo stesso. Ricordo incessantemente e travagliatamente. La mia testa è una stanza caotica, con tutti i cassetti aperti e il contenuto sparso sul pavimento.

L'attraversamento del Grande fiume fu il capolavoro logistico del dottor Lagrange.

Una ventina di canoe facevano la spola da una riva all'altra caricando e scaricando gli uomini: l'operazione doveva concludersi nel più breve tempo possibile, per non rischiare di esporre troppo a lungo l'avanguardia – o di lasciare indietro una retroguardia troppo vulnerabile.

Quel breve tragitto in canoa dovette risvegliare nell'Indio Bruto il ricordo della passata intimità con Carvajal, del loro viaggio sulle acque del Sanya, tanto che si azzardò a interpellare direttamente il luogotenente:

«Racconta un altro dei tuoi ricordi strani».

Carvajal si passò un dito sulla guancia:

«Ricordo che i peli della mia barba le graffiavano la faccia».

I tre Indios scoppiarono a ridere come bambini che non sanno cosa rispondere. Persino i vogatori furono contagiati da quella risata, senza capire bene perché.

Affacciato alla prua della canoa successiva, l'Inglese li guardò severamente.

[Dal quaderno verde di Carvajal]
L'Inglese è il compagno più antico, l'uomo più fidato di Columbus. È il suo secondo nel comando della colonna.

Trascorre le pause della marcia in solitudine, lontano dai fuochi notturni e dai racconti interminabili degli uomini. Lagrange dice che allena la compenetrazione con il demone. Non credevo fosse possibile. Fatto sta che l'aura del suo Guerriero giaguaro è inferiore soltanto a quella dell'Orbo rosso di Columbus. Il suo apporto nel cuneo è fondamentale. Da solo, veicola una buona metà dell'energia della colonna.

Ci siamo, Trinidad. Si prepara un altro attacco.

A furia di camminare – a furia di piantare il campo e dormire poco e inventare storie per tutta la notte –, siamo arrivati ai confini di Deserto Rosso. La vegetazione si dirada. Il suolo prende il colore ocra che precede le torri di arenaria.

Molti anni prima, ai confini di Deserto Rosso.

Dopo il fallimento alla Montagna Sacra, la fuga del Cacique scacciato da Latitudine 0° era più disperata che mai. Non poteva mancare molto, prima che i segugi sicari del Russo fiutassero la loro pista e si mettessero sulle loro tracce.

Avevano deciso di ripiegare a sud, verso Deserto Rosso. Chissà che i buoni rapporti del vecchio Cacique con la governante non avessero ancora qualche valore. Isabel e l'Inglese sembravano crederlo, mentre Columbus era più cauto – temeva di perdere il vantaggio guadagnato sugli inseguitori.

Il lungo viaggio nella foresta, a tappe forzate, li aveva stremati. I demoni erano digiuni e pallidi, le aure fievoli. Ma almeno per il momento non c'era da temere un assalto diretto. Tutt'al più potevano imbattersi in un esploratore inviato in avanscoperta. Perché i segugi sicari non attaccavano mai se non dopo aver completato l'accerchiamento. Non era nello stile del Russo rinunciare al vantaggio del numero. Avevano ancora tempo.

Quando i piedi impolverati calpestarono le prime zolle friabili di terra rossa, i quattro viandanti seppero di essere entrati nel territorio dell'Andaluso. Un altro giorno di marcia li separava dall'Alcazar.

Al centro di Deserto Rosso sorge l'Alcazar, la fortezza dell'Andaluso. È una costruzione di stile moresco, il cui profilo aritmico si inscrive bene nella morfologia fragile del deserto di arenaria: le torrette e i merli del palazzo si confondono tra i pulpiti di sabbia rappresa, proseguendo il complicato labirinto disegnato dal capriccio della pioggia.

La cinta di pietra porosa, più che fornire la protezione che la presenza del Tercio Viejo ha sempre reso innecessaria, serve da transizione tra le gradazioni rossastre del deserto e le vive decorazioni dell'edificio interno, il palazzo propriamente detto. Al riparo dall'erosione del vento, gli ambienti dell'Alcazar sono una successione di arabeschi e *muqarnas*, di marmi e fontane finemente cesellate. È la degna dimora di un signore potente nella foresta. Le sue meraviglie non hanno fatto che accrescersi durante i lunghi anni di dominio dell'Andaluso.

Da tempo immemorabile i cortili del palazzo ospitano i quartieri del Tercio, il corpo dei fedelissimi, con cui il *duque* si intrattiene volentieri.

Nel cuore dell'Alcazar, la concubina dagli occhi azzurri allungò le gambe tra le sete e i cuscini. Uno sbadiglio interruppe la melodia frusta che da ore si ripeteva in testa.

Fuori dall'harem, la fortezza era in subbuglio. Si parlava di una colonna formidabile di espugnatori, che qualche settimana prima aveva preso la Montagna Sacra e proprio allora stava varcando i confini del deserto di arenaria. Le richieste di aiuto inviate a Latitudine 0° non avevano ottenuto risposta.

La notte era fresca. La concubina dagli occhi azzurri rabbrividì per un istante sotto il telo che le velava la pelle bianchissima.

Possibile?, si chiedeva. Possibile che sia tornato?

Che le sue preghiere fossero state esaudite?

Per collocare la sua novità architettonica, la governante aveva scelto l'ala più appartata dell'Alcazar. Al centro di un cortile ottagonale, anziché la solita fontana, aveva fatto erigere un padiglione di legno d'ebano, dai cubicoli ad alveare separati da veli, perché ospitasse l'harem del signore di Deserto Rosso. Era un'epoca turbolenta: quella che seguì la caduta del Cacique e l'ascesa del Bicho sul trono di Latitudine 0°. C'erano ben altri cambiamenti di cui stupirsi.

Ancora oggi le concubine del *duque* vivevano nell'harem, prigioniere di una dolce prigionia. Ricevevano regolarmente di che nutrire il corpo e la fame del demone, a volte bocconi così prelibati da suscitare la gelosia dei veterani. Al loro demone non veniva fatto torto – a questo proposito l'Andaluso esigeva dai suoi uomini il più scrupoloso rispetto. Vivevano nell'harem tra il lusso e la noia, bellissime tutte, e abbastanza avanzate nella compenetrazione da restare del tutto indifferenti alle vicende del corpo.

[Dal quaderno verde di Carvajal]
Deserto Rosso è prima di tutto un labirinto.

Gli uomini si addentrano guardinghi nei canyon scavati dall'acqua, tra sottili pareti di arenaria. I piedi scricchiolano sulla superficie di fango secco. Molti sono vicoli ciechi, spesso l'avanguardia deve tornare sui propri passi. Non si vede mai oltre la parete successiva.

È un labirinto desolato di friabile roccia rossa.

Molti anni prima, a Deserto Rosso.

I quattro viandanti – il vecchio Cacique, Columbus, Isabel e l'Inglese – non fecero molta strada nel dedalo di arenaria prima di imbattersi in una pattuglia a cavallo. I veterani del Tercio li riconobbero subito e si offrirono di scortarli alla fortezza: così avrebbero accorciato l'itinerario di almeno una mezza giornata.

I veterani cedettero quattro cavalli per l'egemone caduto e i suoi luogotenenti e si disposero in formazione d'onore. A quanto pareva l'autorità del Cacique aveva ancora corso a Deserto Rosso.

Dopo un'ora di buon trotto sbucarono fuori dal labirinto, nella piana chiazzata d'erba al centro della quale sorgeva l'Alcazar. Si stava facendo sera. Nuvole cariche di pioggia si addensavano dai quattro angoli dell'orizzonte.

Solo una volta all'anno, il cielo insostenibilmente terso di Deserto Rosso si riempie di nuvole scure. Allora per tre giorni, quattro giorni o una settimana, la pioggia si abbatte furiosa sul labirinto di arenaria. E la terra del deserto, arida, spaccata dalla sete, riscopre la violenza dell'acqua venuta a sconvolgerne le forme. A torrenti, la pioggia si riversa tra le colline rossastre: da una parte accumula la terra, dall'altra la scava. Tra un torrente e l'altro si formano creste sempre più affilate, che culminano in torri pericolanti, in cumuli fragilissimi pronti a crollare e sciogliersi nella corrente. Soltanto alcune delle creste rimarranno in piedi fino all'anno successivo, costituendo le linee di un labirinto imprevedibile.

Dopo quell'unica, apocalittica apparizione, l'acqua si ritira in breve tempo da Deserto Rosso. Scompare tra le fessure, nelle porosità della terra. Scivola via fuori dalla fortezza in direzione del Grande fiume. Ma una piccola parte si accumula sotto il deserto in depositi e canali sotterranei, dai quali affiora a tratti sotto forma di umidità. L'umidità del sottosuolo impregna irregolarmente le colline di arenaria dove le pendenze del labirinto si fanno più dolci. A tratti l'erba spunta dalla terra rossa, dando vita a effimere chiazze verdi. Le spazzerà via l'alluvione dell'anno successivo.

Era il momento più alto del giorno. Fuori dalla cinta, i veterani schierati si preparavano a difendere la fortezza. Le concubine avevano abbandonato l'harem ed erano corse tra i merli delle mura per seguire con il cuore in gola le vicende della battaglia.

Ma la concubina dagli occhi azzurri non era con loro. Aveva attraversato le porte sguarnite della torre, aveva salito le scale senza incontrare ostacoli, fino agli appartamenti dell'Andaluso. Erano deserti, a eccezione della governante. E con lei si era intrattenuta in una lunga conversazione.

«Capirà che non avevamo scelta?» chiese alla fine la governante.

«Non capirà» rispose la concubina dagli occhi azzurri.

Il suo demone riposava in grembo alla principessa violacea della governante. Demone saturo su demone saturo, le aure si sovrapponevano senza interferenze – e c'era qualcosa di teneramente voluttuoso nel loro modo di dirsi addio.

«Erano arrivati per primi» proseguì la governante. «Non avevamo scelta. Non siamo stati noi a mandarli a chiamare».

«Lo so».

«Io ti ho tenuta nascosta».

«Glielo dirò, ma non mi ascolterà» disse triste e spietata la concubina dagli occhi azzurri. Poi si piegò sul corpo minuto della governante e la baciò delicatamente sulle labbra.

«Aspetta» la richiamò la governante quando ormai stava per uscire dalla stanza. «Se qualcuno deve farlo, preferisco che sia tu».

[Dal quaderno verde di Carvajal]
All'arrivo della colonna di Columbus, i cento veterani del Tercio Viejo hanno opposto una resistenza disperata. Uno schieramento compatto, demoni e uomini, su cui si è abbattuta attraverso Columbus tutta la nostra forza. Non avevano speranze.

Gran parte sono morti, ai sopravvissuti è stato concesso l'onore delle armi. A tutti Columbus ha offerto un generoso asilo. Chissà se perderanno mai quella ritrosia schiva da cani privati del padrone.

Quando gli uomini di Columbus entrarono nel palazzo, la battaglia era già finita. L'Andaluso, da condottiero orgoglioso, aveva preferito tentare il campo aperto. Prima del tracollo del cuneo, aveva trovato persino il tempo di accomiatarsi dai suoi.

Nella battaglia, gli espugnatori avevano saziato i loro demoni. La furia del combattimento si era esaurita fuori dalle porte dell'Alcazar. E così i sopravvissuti di Deserto Rosso, abituati a trionfi ben più cruenti, li guardarono stupiti mentre occupavano quietamente le sale del palazzo. Sembravano timorosi, quasi pentiti. I veterani del Fraile, che pure avevano mostrato un accanimento particolare durante il combattimento, rimanevano adesso silenziosi. Come varcassero le porte di una Gerusalemme conquistata. Sarà stata la meraviglia degli orti, la fantasia dell'acqua, la teoria inesauribile dei mosaici erotici... Non c'erano tesori, nella foresta, paragonabili a quelli dell'Alcazar. Al confronto la tenuta coloniale del Giardino, il monastero del Fraile e addirittura Latitudine 0° sembravano rudi caserme.

Ma fu alla vista della governante che la reverenza dei conquistatori toccò il suo punto più alto. Della governante morta misteriosamente, e della sua tomba d'acqua.

Per pietà o per decoro, qualcuno aveva composto il corpo della governante nella tomba più stupefacente che la foresta ricordasse – ma la foresta si cura poco dei suoi morti.

Era una tomba di cristallo, una tomba liquida, al centro del famoso cortile esagonale dell'Alcazar. L'acqua delle fontane che ne decoravano tre angoli era stata deviata verso la vasca centrale, e cioè verso il giardino a pozzo, esagonale anche quello, che era sempre stato il vanto del *duque*. Nella cavità allagata, le piante avevano assunto una tonalità grigia, come di pietra, e l'immobilità dell'acqua non faceva che rafforzare l'impressione. Al centro del pozzo, sospeso tra il fondo e la superficie da viticci quasi invisibili, galleggiava il cadavere della governante. Le piante le facevano da corona, le si intrecciavano tra i capelli ormai sparsi, le sostenevano di lato i veli dello strascico.

Ad uno a uno gli uomini di Columbus si avvicinavano per guardare. Qualcuno gettava soltanto un'occhiata furtiva. Altri si trattenevano più a lungo, come se la bellezza di quel viso orientale bastasse a ricordare loro i trasporti della vita nel mondo di fuori. E invece no. Niente sarebbe bastato. La gloria di un corpo senza lo splendore del demone si fa presto a dimenticare. In fondo una tomba d'acqua è destinata a durare poco – in fondo la foresta ha poca memoria.

Quando Carvajal si affacciò oltre l'orlo del pozzo per vedere in faccia la governante, le prime gocce di pioggia cominciavano ad alterare la superficie immobile dell'acqua. Era sera, il cielo era nero, l'aria umida, e nessuno si era preoccupato di tirare i teli di protezione sopra i cortili arabi del palazzo. Per la prima volta il temporale si sarebbe abbattuto direttamente sui pavimenti intarsiati, sulle mattonelle policrome.

No, non è lei.

Non è lei, si disse Carvajal. E una volta di più gli si scioglieva la morsa allo stomaco. Non sapeva cosa temere, né cosa pensare...

A passi rapidi lasciò il cortile esagonale, senza badare alle *muqarnas* che ne decoravano gli angoli dispari e di fronte alle quali si erano già formati capannelli di ammiratori – gente stracciata, tra i percorritori più miserabili, che in ogni stanza del palazzo scoprivano una nuova meraviglia.

I residenti della fortezza, insieme ai veterani sopravvissuti, aspettavano la loro sorte nei cortili: prima o poi gli invasori se ne sarebbero andati, o avrebbero ordinato loro di andarsene.

La pioggia cominciava a cadere con più decisione. Al centro del terzo cortile, Carvajal si imbatté in un padiglione di legno. Ben presto i veli delicatissimi che ne separavano i cubicoli si sarebbero impregnati di pioggia, si sarebbero strappati sotto il loro stesso peso.

Carvajal scostò il primo. La seta bagnata gli si scioglieva quasi tra le dita. Alle spalle del velo, adagiata tra un tappeto e un cuscino, c'era una donna vestita alla maniera delle concubine. La donna si voltò, sembrava aspettare qualcuno o qualcosa.

La sua pelle era bianca. Aveva occhi profondamente azzurri.

Ma no, non era Nina.

Nemmeno stavolta era Nina.

Fuori dall'Alcazar, le gocce di pioggia si schiantavano sulla crosta secca del deserto. L'Inglese era rimasto fuori dalle mura. Era rimasto da solo, nella piana.

L'Inglese guardava e ricordava.

Anche l'ultima volta era stato con la pioggia.

L'Inglese ricordava una cavalcata furibonda – zoccoli nelle pozze, improvvise sterzate per evitare un rigagnolo divenuto torrente, odore di pelo, odore di animale bagnato.

Molti anni prima, a Deserto Rosso.

Perché l'Andaluso non era uscito a riceverli? Eppure una staffetta li aveva preceduti al galoppo, per avvertire del loro arrivo.

Le prime gocce di pioggia avevano appena cominciato a cadere, quando le porte dell'Alcazar si spalancarono di fronte al vecchio Cacique e ai suoi luogotenenti. Dall'interno, nessun movimento.

Il cavallo del Cacique esitava a varcare la cinta delle mura. Scuoteva le froge, l'odore del temporale lo innervosiva. Strano che non avesse riconosciuto il cammino della stalla.

L'egemone caduto si fidava dell'istinto della bestia.

«Il tuo capitano non ci viene incontro?» chiese il Cacique al capo della scorta.

«È appena stato avvertito» rispose rigidamente il veterano.

«Bene. Lo aspetteremo qui».

Adesso la pioggia cadeva più decisa. Imperturbabili, Columbus, Isabel e l'Inglese si mantenevano ai lati e poco alle spalle del Cacique. Di tanto in tanto tiravano sulle briglie per contenere l'irrequietezza dei cavalli.

Il *duque* comparve poco dopo, accompagnato dalla migliore squadra del Tercio. La governante non era con lui. Qualcun altro era uscito al suo fianco.

«Andaluso!» esclamò il Cacique con una smorfia amara. «Non mi aspettavo di trovarti in questa compagnia».

«Benvenuto, Cacique» gridò il *duque* di Deserto Rosso per sovrastare il boato di un tuono.

Il temporale era iniziato. Le gualdrappe dei cavalli da parata erano già zuppe. Una fitta cortina d'acqua circoscriveva la visuale.

«E questo cosa sarebbe?» continuò il vecchio Cacique. «Un tradimento? Un agguato?».

«Al contrario,» rispose l'Andaluso «finché resterete sotto il mio tetto posso garantire che non vi sarà torto un capello. Ma devo sconsigliarvi di proseguire questa fuga insensata. Consegnatevi all'egemone. I capitani delle fortezze intercederanno per voi. Sarete trattati con il rispetto che vi è dovuto».

«Il trono di Latitudine 0° non si guadagna con la compassione. Questo lo so meglio di chiunque altro. Del nuovo egemone dobbiamo diffidare. Non vedi che i suoi emissari sono assassini? Non senti la loro fame? Questi sono i messaggeri che ti manda El Bicho. È questo il rispetto che mostra alla tua casa».

Un lampo squarciò il cielo nero. Il cavallo del Russo, che montava al fianco dell'Andaluso, scalpitò e nitrì.

«Che aspettiamo a rientrare?» si spazientì il gigante dal demone piumato.

«Sicario, cane» gli ringhiò Columbus.

«Se rifiutate la mia ospitalità,» riprese l'Andaluso rivolgendosi direttamente al Cacique «rifiutate anche la mia protezione. La vostra vita non vale niente fuori da queste mura».

Intanto, sotto la pioggia scrosciante, i demoni dei quattro fuggitivi avevano inspessito i contorni. Stavano attingendo alle loro ultime riserve. L'aura del Colonnello, il demone del Cacique, era così intensa che sembrava deviare le gocce di pioggia.

«Rifiuti?» lo sfidò il Russo.

Fu allora che il fulmine si abbatté sul Colonnello. Più di un soldato fu sbalzato da cavallo, la scorta ruppe le righe. Il demone colpito si ripiegò su sé stesso, condensò l'elettricità in uno spasmo, poi spalancò la bocca per restituire nella potenza abbacinante dell'aura tutta l'energia ricevuta. Anche l'Orbo di Columbus, anche il demone piumato del Russo ne furono accecati. I cavalli si misero a correre all'impazzata.

Cala la sera. Pioggia sulla fortezza caduta. L'Andaluso è morto. Ultimo tra gli espugnatori, Columbus fa il suo ingresso nell'Alcazar. Lagrange ha già dato ordine di far tendere i teli di protezione, prima che il palazzo si allaghi del tutto. La tomba a pozzo della governante ha già straripato, la culla di steli e foglie che tratteneva il cadavere è mezza disfatta. Ma il capitano vincitore si affaccia comunque a renderle un breve omaggio.

Dal fondo del cortile male illuminato – gli stoppini delle candele sono fradici – viene avanti un'aura nota. È Carvajal, il suo luogotenente.

Qualcuno lo sta accompagnando. Columbus si volta, fiuta la presenza. Come può essere?

La donna è vestita di veli. I suoi occhi, azzurrissimi, luccicano nell'oscurità.

«Isabel?» mormora Columbus. «Isabel».

Molti anni prima, a Deserto Rosso.

A lame compatte, la pioggia scrosciava implacabile sul deserto di arenaria. Spinto dalla paura più che dagli incitamenti di Columbus, il cavallo la fendeva alla cieca. Seguiva ora un canale, poi si inerpicava per una costa, spaventato dalla corrente. Purché si allontani dalla fortezza, si diceva Columbus. La direzione non importava.

Allo scoppio del fulmine fuori dalla porta dell'Alcazar, si era trovato semi-incosciente in balìa del cavallo. Che cosa ne era stato del Cacique? Dell'Inglese? Di Isabel? Possibile che il Colonnello, tra i demoni più grandi della foresta, fosse stato ucciso dal fulmine? Possibile che l'avesse attirato deliberatamente? I fulmini, le montagne... quali erano i limiti esatti dei poteri del vecchio egemone?

Columbus spronò ancora il cavallo e allentò la presa sulle redini. Tornare indietro a cercarli sarebbe stata una pazzia. Anche ammesso di riuscire a ritrovare la strada... se erano rimasti all'Alcazar non poteva più aiutarli.

Passarono ore angosciose – grondanti di pioggia la bestia e l'uomo – prima che il cavallo trovasse l'uscita del labirinto di arenaria. In più di un'occasione una torre di sabbia rossa aveva minacciato di crollargli addosso, ma l'istinto aveva fatto il suo. E adesso che tornavano a calpestare l'erba, la pioggia non sembrava più così pericolosa. Proseguirono ancora per poco, fino a trovare riparo: nascosta dalle fronde ancora esili di una giovane quercia, si apriva l'imboccatura di una grotta.

Dove sei, Isabel?, si diceva Columbus. Dov'è il Cacique, dov'è l'Inglese? Sono rimasto solo io.

Per il momento avrebbe fatto perdere le sue tracce.

[Dal quaderno verde di Carvajal]
Isabel, dal demone saturo. Che non abbandonava mai il fianco del Cacique quando regnava ancora sulla foresta. E così è ricostituita la terna dei luogotenenti: i fedelissimi del vecchio egemone sono al completo. Per la loro vendetta, assaltiamo Latitudine 0°?

Certo è che da troppo tempo un demone saturo non affianca il trono della fortezza centrale. Columbus sarà diverso. Ne ha già dato prova, altrimenti perché lo seguiremmo?

Appena smette di piovere, riprenderemo la marcia. I preparativi sono finiti, Trinidad. Non ci resta che l'ultima tappa.

Stanotte ho sognato uno stormo di avvoltoi. Un volteggiare di avvoltoi, in lontananza. Mi avvicino per vedere, mi viene il dubbio che stiano aspettando me, nel luogo in cui sono destinato a morire. Invece no. Si sono radunati intorno a una conca di sabbia. Deve essere una carogna. Sto per affacciarmi a guardare, quand'ecco che un cane risale la china... e gli avvoltoi si spaventano e si alzano in volo al suo passaggio. È un piccolo cane dal pelo giallastro. Regge per il collo un agnello nero.

Finita la tempesta, gli espugnatori si riversarono fuori dalla fortezza per ammirare l'opera della pioggia: le torri e le creste appena affilate nell'arenaria, la crosta di terra secca non ancora calpestata, interrotta qua e là da una pozza di fango.

Poi si misero in cammino, puntando approssimativamente a sud. Verso l'uscita del labirinto, il rosso delle rocce cominciò a virare al grigio. Le chiazze d'erba si facevano sempre più frequenti, le pendenze delle pareti dei canyon meno decise.

Columbus apriva la colonna a cavallo, insieme all'Inglese e Isabel. Avevano molto da raccontarsi.

Al passo sul tappeto d'erba, si avvicinarono all'imboccatura di una grotta di fronte a cui cresceva una quercia grande e rigogliosa. Columbus fermò il cavallo. Stava per dire qualcosa a Isabel, un dettaglio sul passato probabilmente, quando un ringhio si levò dall'oscurità della roccia spaccata.

Il cavallo scartò all'indietro e gli uomini balzarono in avanti per proteggere il loro capitano. Qualche naturale impugnò persino l'arco. Ma dalla grotta venne fuori soltanto un cane nero. Non un demone, non una creatura d'aria. Solo un grosso cane nero dal pelo inestricabile.

Columbus smontò di sella, fece segno ai naturali di abbassare le armi. Provò ad avvicinarsi, ma l'animale continuava ad abbaiare e scoprire i denti. Poi con un paio di salti sparì tra le fronde della quercia e nella spaccatura buia della roccia.

Il capitano era risalito a cavallo e aveva già dato ordine di ripartire, quando un batuffolo di pelo nero ricomparve all'imboccatura della grotta dove lui stesso, molti anni prima, aveva passato la notte.

[Dal quaderno verde di Carvajal]
Il cane tornava fuori a ritroso. Arrancava. Cercava di tirare qualcosa. Con i denti affondati nella stoffa dei pantaloni, stava trascinando un corpo esanime. L'aura era debolissima, il percorritore era quasi morto.

Non ci potevo credere, Trini.

Era Yona, Yona il Topo, l'inquilino abusivo dello studio della dottoressa Guzmán.

E in fondo, di che mi stupisco? Di che ti stupisci, Trinidad? Tra Elsa l'apprensiva, Juanca il pittore cocainomane e Yona il Topo, chi entra a miglior diritto in questa storia da miserabili?

Molti anni prima, a Deserto Rosso.

Quando Columbus lasciò la grotta, la pioggia non era ancora finita. Durante la notte il cavallo era fuggito nella tempesta, terrorizzato dagli echi dei tuoni che rimbalzavano sulla volta di roccia. Meglio così, era una bestia magnifica ma fin troppo appariscente.

All'alba, un filo di luce attraversò la coltre fradicia delle nuvole: più che uno scarto con il buio, fu una sfumatura graduale di tonalità. Senza sollevare il bavero della casacca – a cosa sarebbe servito? –, Columbus si avviò sotto gli scrosci d'acqua del temporale. Procedendo verso est, a buone tappe, avrebbe presto raggiunto i territori selvaggi, dove vivono soltanto i paria sbandati. Si sarebbe nascosto lì, tra i rifiuti che gli affluenti del Grande fiume abbandonano nei loro pantani. Sarebbe stato un ago in un pagliaio nella vegetazione impenetrabile della foresta profonda.

La pioggia sarebbe durata ancora tre giorni. Quando il primo raggio di sole fece capolino da una fessura tra le nubi, Columbus era una spugna zuppa. Aveva dovuto abbandonare le scarpe – ma non era un problema, per uno che aveva il passo così leggero.

Praticava la dissimulazione, procedendo con prudenza, ignorando la fame del demone. Solo raramente si fermava nei villaggi dei naturali. Ad ogni giornata di cammino, la vegetazione pluviale lo seppelliva sempre più fitta, fino a inghiottire e cancellare le piste battute. Allora si scavò una canoa – ma per reggere il suo peso, sarebbe bastato il tronco di una palma giovane.

E così visse da solo, come un relitto sul fiume, per molto, molto tempo. Finché non incontrò un vecchio naturale che diceva di essere re, un vecchio naturale che viveva con una mummia. Il vecchio gli avrebbe offerto ospitalità e un poco di cibo. In cambio di tre settimane di lavoro, diceva, gli avrebbe fatto un regalo.

Dal quaderno verde di Carvajal.
Nella foresta si trova, nella foresta si perde. Columbus ha trovato la sua Isabel. Io ho trovato Yona, ma ho perduto Nina. Ho trovato persino Yona, e non riesco a trovare Nina.

Ho chiesto notizie a Isabel su un cardellino dalla maschera rossa. Un demone saturo, l'avrebbero notato se fosse passato per l'harem. L'avrebbero notato?

Ho chiesto a Isabel dell'harem, il suo nascondiglio a Deserto Rosso: ho avuto conferma che nella foresta non c'è posto per la libido.

La governante ha inventato l'harem per nascondere Isabel. Persino per le concubine dell'Andaluso, il sesso si riduceva a una forma di onanismo del demone.

E invece io continuo a sognare Nina. Forse solo più di rado.

A volte mi viene una paura terribile. Mi viene paura, in cuor mio, di avere già smesso di cercarla.

Altrove, nella foresta.

Nina si guardava intorno. Avrebbe voluto liberarsi, ma non sapeva come, di un vago senso di oppressione.

Stava bene. Era andato tutto bene.

Nina era distesa, riposava. Stava bene nella nuova casa che il Russo le aveva trovato.

Stava bene, ma avrebbe voluto che Gaspar non fosse mai ricomparso.

Cercava di comprimere una punta di angoscia, prima che dallo stomaco le passasse nei polmoni.

Molti anni prima.

Dall'Alcazar di Deserto Rosso, il vecchio Cacique fu condotto prigioniero a Latitudine 0°.

Per l'occasione, il nuovo egemone aveva convocato i *duques* delle sei colonie. Nel salone delle latifoglie erano riuniti il Fraile della Montagna Sacra, Circe del Giardino, la Rubia della Miniera, il Negriero del Porto Vecchio e Xolotl della Cascata. E naturalmente c'era l'Andaluso, che insieme ai sicari del Russo aveva scortato il Cacique alla fortezza centrale.

El Bicho, l'egemone appena insediato, si faceva attendere. Ma l'impazienza dei capitani non traspariva nel loro contegno solenne. Soprattutto il vecchio Cacique, guardato a vista dal Russo e dai suoi segugi sicari, conservava intatta nella miseria la propria dignità. Come a ribadire che la grandezza del suo destino andava ben oltre i ceppi che portava ai polsi, oltre l'aspetto macilento suo e del demone Colonnello.

Finalmente El Bicho fece la sua apparizione, preceduto dall'aura quasi intollerabile della Maga. La sala piombò in una concentrazione profonda, mentre il nuovo egemone, a passi svogliati, prendeva posto sul trono centrale.

All'assemblea dei dominatori del demone rivolse una secca comunicazione: in cambio di pochi nuovi tributi da versare alla fortezza centrale, confermava l'autorità dei *duques* sulle loro colonie.

Con una clausola, aggiunse soltanto alla fine. Il rapporto di vassallaggio si sarebbe evoluto... Per suggellare la devozione che ogni *duque* deve all'egemone, un nuovo costume sarebbe stato introdotto. Ogni capitano di fortezza si sarebbe recato una volta all'anno a Latitudine 0°, per offrire il proprio demone alla Maga. Niente di speciale: un unico, breve pasto di sangue – senza conseguenze irreparabili.

Un mormorio strozzato percorse la sala, ma fu il Cacique a prendere la parola per tutti.

«Nessun capitano,» esordì, con i capelli arruffati e la barba di tre giorni «nessun capitano si piegherà a un simile sopruso».

Con gli occhi fissi negli occhi del Bicho, il vecchio Cacique si mise leggermente di profilo, per offrire un'immagine nobile e incurantemente marziale.

«Al contrario» gli rispose la voce riverberante dell'egemone. «Sarai proprio tu a dare l'esempio. Ora».

Il Cacique lo guardò sprezzante. Alle proprie spalle sentiva crescere il malcontento dei capitani. Era il momento, l'occasione che stava aspettando.

«Preferisco di no» disse con il suo solito stile.

Fu questione di un attimo. Mentre la Maga, senza alcuno sforzo apparente, teneva imbavagliato il Colonnello, la scorta personale del nuovo egemone si gettò sul Cacique. Erano naturali delle tribù recondite, di cui chissà come El Bicho aveva conquistato l'obbedienza. Presero il vecchio Cacique, lo inchiodarono a terra, lo fecero a pezzi con picche e coltelli.

E così i capitani si piegarono.

9. L'assedio

In direzione sud-est, la colonna si faceva strada a colpi di machete nella vegetazione sempre più fitta. Dopo la cordigliera, si erano lasciati alle spalle l'altopiano secco su cui sorge la singolarità geologica di Deserto Rosso. Il cammino verso Latitudine 0° si inoltrava nel cuore della regione pluviale.

Procedevano senza incontrare resistenza. Le forze dell'egemone sembravano essersi asserragliate nella fortezza centrale rinunciando a rallentare l'avanzata degli espugnatori. Di tanto in tanto gli uomini della colonna si imbattevano in un casolare abbandonato da pochi giorni e già aggredito dalla vegetazione esuberante.

Più antiche erano le rovine dei villaggi dei naturali che avevano vissuto in pace sotto il regno del Cacique e che negli anni successivi erano stati scacciati dalla regione dalle scorrerie della guardia indigena del Bicho. Tra i naturali arruolati nella colonna di Columbus alcuni riconobbero, sepolti dalle felci, i resti della casupola dove erano nati, o della capanna dove avevano ricevuto l'iniziazione.

L'egemonia del Bicho aveva fatto un deserto di quella che era stata la più fiorente delle colonie e che oggi era soltanto una fortezza – o meglio ancora la sede di un trono.

Solo di rado i soldati della colonna sorprendevano qualche paria dimentico di sé stesso, schiuma della schiuma della foresta sfuggita a chissà quale battuta di caccia. Allora si cibavano del demone, ma risparmiavano la vita dell'ospite: alle prede veniva offerto di arruolarsi agli ordini di Columbus, e non di rado accettavano.

[Dal quaderno verde di Carvajal]
Di notte, i campi degli assedianti si illuminano di fiamme tenui. Gli uomini accendono fuochi di rami umidi, che fumano e non danno calore, e a stento dissipano le tenebre proiettate dalle foglie.

Cominciano le manovre per l'accerchiamento. La colonna si frammenta. A me e ai miei è stato assegnato un avamposto di una manciata di capanne, abbandonate dalle sentinelle del Bicho. Qui aspetteremo l'ordine per l'avanzata.

I tre Indios si prendono per i miei attendenti. Hanno insistito per lasciare a me solo la capanna più grande. Nessuno ha avuto niente da ridire.

La sera siedo tra l'Indio Bruto e la vecchia Curcuma, in compagnia di una mistica della Montagna Sacra e di un vecchio veterano del Tercio – non dimostra diciassette anni, ma nessuno se ne stupisce: nella foresta le apparenze ingannano, le cose non sono quello che sembrano e tantomeno somigliano a quello che sono.

Nella bisaccia di un paria morto, l'Indio Bruto ha trovato un rasoio usa e getta senza più filo. Per passatempo se lo passa sulle guance foruncolose, mentre ascolta i racconti dei soldati.

Si preparava l'assedio e, da parte del Bicho, ancora nessuna reazione. Se tra gli uomini correva voce che l'egemone fosse malato, che si sarebbe arreso senza combattere, più numerosi erano quelli che temevano la sua astuzia. Ma la colonna era grande, abbastanza da espugnare qualsiasi fortezza. E tutti avevano fiducia nelle capacità di Columbus.

Fu dato ordine di accerchiare Latitudine 0°. I numeri lo permettevano, e il capitano non aveva nessuna intenzione di concedere vie di fuga agli assediati. Si formarono tre spezzoni agli ordini dei tre luogotenenti, ogni spezzone fu diviso in manipoli e drappelli. Furono assicurati i collegamenti di staffetta.

L'avanzata non sarebbe ripresa fino ad accerchiamento completato.

Intorno ai fuochi, gli uomini parlavano anche del Bicho. Per alcuni era nato da un capo cimarrone della Nuova Granada, per altri era arrivato lui stesso dall'Africa su una nave negriera, per poi mettersi alla testa di un pugno di schiavi ribelli che per mesi avevano seminato terrore e fiamme nelle piantagioni di canna da zucchero. Le prime notizie sulla foresta gli erano giunte grazie a una sciamana congolese, in una notte di rito. O forse ci era finito per caso, insieme ai suoi, per sfuggire alla colonna di lanceri che il viceré Villalonga in persona gli aveva sguinzagliato contro. O forse ci si era inoltrato da solo, febbricitante, morso da un serpente guaní, la serpe piccola e gialla che volentieri si insinua nella paglia calda dei letti. E nella foresta si era salvato, grazie a un'intesa precoce con la Maga.

Fedele alla propria natura di ammutinato, a lungo aveva vissuto da paria senza servire alcun padrone, coltivando la simbiosi con la Maga, demone capriccioso. Di tanto in tanto si univa ad altri percorritori sbandati, o meglio gli altri si agglomeravano a lui che non aveva mai avuto bisogno di nessuno – prima per procurarsi il cibo, e poi per alimentare il proprio demone. Senza aver mai conosciuto maestri della compenetrazione, aveva vissuto ritirato nelle regioni più remote fino a raggiungere la maturità e il controllo di un dominatore del demone. Dei suoi seguaci di allora, quelli che non lo avevano abbandonato in tempo erano morti. Non perché El Bicho li avesse ingannati, non perché fosse un capo sleale – del resto, più che a un capo, somigliava a un polo magnetico di tetra energia, completamente insensibile al destino e alle vicissitudini dei satelliti che gli orbitavano intorno e che finivano per ricadere in lui annullandosi e accrescendone il potere di attrazione… Ma da una parte le privazioni, i rigori a cui si sottoponeva nei propri vagabondaggi finivano per logorare chiunque non dimostrasse la sua stessa tempra; dall'altra le gioie che traeva dalla simbiosi con il demone, senza mai essere sfrenate – e forse era la stessa Maga a porne i limiti – erano troppo selvatiche per non suscitare, in chi provava a imitarlo, il seme di un disorientamento fatale.

[Dal quaderno verde di Carvajal]
Presto completeremo l'accerchiamento. Eppure in un certo senso è il pensiero del Bicho, il nostro nemico assente, che assedia noi. El Bicho è nelle capanne vuote, sulle piste lasciate senza presidio. Lo sappiamo e non ce lo diciamo, Trinidad.

Columbus è una specie di capitano Nemo, El Bicho è come Kurtz di Cuore di tenebra.

Cerco di tenere gli uomini occupati. Cerco se possibile di nutrirli. Ne avranno bisogno.

Yona il Topo raschiò con il cucchiaio il fondo della scodella di legno, poi se la portò alla bocca e ci passò la lingua in un senso e nell'altro. Il suo demone, se c'è bisogno di dirlo, era un ratto dalle sfumature giallastre, senza un orecchio e con la coda spezzata. Yona lo detestava: da quando c'era quel ratto maledetto, si sentiva divorare da una fame implacabile. Come se il roditore fluorescente gli mangiasse direttamente dallo stomaco. Yona era sicuro che fosse colpa sua.

Da quando Carvajal lo aveva raccattato, perlomeno c'era un po' di rancio. Poteva capitare, anzi, che qualche compagno di marcia gli cedesse la razione del giorno in cambio di una succhiatina dal ratto. A Yona il cambio non dispiaceva: l'unica conseguenza era quel senso di infinita debolezza, e quell'assenza di prospettiva... che dopotutto non era troppo lontana da quella che per lui era la normalità. E poi ci era già passato tante volte, da quando era entrato nella foresta...

Il dottor Lagrange approfittava senza complimenti dei privilegi connessi alla sua posizione nella colonna.

Era responsabile dell'ala sinistra dell'accerchiamento, dei vettovagliamenti e dell'organizzazione delle staffette. Capiva istintivamente le esigenze degli uomini. E sin dai tempi del Giardino era diventato una sorta di teorico per il capitano, una sorta di portavoce ideologico.

Gli uomini dal canto loro avevano capito che Theia, il satellite rosso, non era un demone particolarmente avido ma andava nutrito regolarmente. E così, anche in quei tempi magri, facevano in modo che non gli mancasse mai di che placare la fame.

[Dal quaderno verde di Carvajal]
Dormo più a lungo, dormo più spesso del solito.

Ho sognato una pozza d'acqua fangosa e biancastra, che per un'estensione inconsueta interrompeva la distesa infinita degli alberi. Le ultime luci del giorno fendevano obliquamente la radura. Il cardellino dalla maschera rossa, che riconoscevo solo alla fine come il demone di Nina, volava appena fuori dal mio campo visivo.

Finché scattava la mano nera del Bicho. Un frullio di piume. Teneva il cardellino per il collo. E io lo guardavo come un moribondo mentre con un coltello di ossidiana apriva il torace dell'uccello e con le dita ne esplorava il petto per cavarne il minuscolo cuore.

«Prendi, mangia» mi diceva tendendomelo. E poi, visto che io non reagivo: «Se tu non lo prendi...» diceva, e se lo lasciava cadere in bocca.

E il David Bowie azzurro mi ricordava un verme nudo. E la Maga, il demone del Bicho, sorrideva appartata, sorrideva di soddisfazione.

Carvajal si svegliò di soprassalto. Gradualmente, dietro il velo di sonno che gli appannava gli occhi impastati, riconobbe l'interno della capanna. Tastò il giaciglio di paglia su cui era disteso. Oltre la porta di assi grezze russava uno dei tre Indios.

Carvajal si mise a sedere sul letto, appoggiò la schiena al muro. Batté le palpebre per abituarsi all'oscurità. Sulla parete di fronte si allargavano macchie di muffa scura, disegni indeterminati in cui credette di riconoscere prima un elefante imbizzarrito, poi un gatto che digrignava i denti. Continuò a seguire con lo sguardo le colature verdastre finché lo sorprese un movimento. Nell'angolo tra le pareti, una macchia scura aveva cambiato posizione.

Carvajal allungò la mano in cerca della torcia, la puntò contro il muro, la accese. Mimetizzato tra le chiazze di muffa, si arrampicava un grosso scarafaggio. Sorpreso dalla luce, si immobilizzò. Ma intanto continuava a roteare le lunghe antenne, come se cercasse un segnale, una frequenza radio su cui sintonizzarsi. Carvajal raccolse un infradito e lo scagliò contro l'insetto. Colpito di striscio, lo scarafaggio cadde a terra e corse freneticamente tra il pavimento e il muro fino a sparire in una fessura.

Qualcuno bussò timidamente, dall'altra parte della porta arrivò la voce assonnata dell'Indio Bravo.

«Tutto bene, Carvajal?».

L'Indio Bruto non si separava mai dal machete dal manico d'osso che gli aveva regalato re Daniel. Tutte le sere lo affilava con la pomice, poi passava la lingua sulla lama. Cose da Indio Bruto.

Una volta l'Indio Feo aveva provato a toglierglielo. Ma si dà il caso che l'Indio Bravo fosse nei paraggi e di cattivo umore – da poco aveva perso una spilletta dorata pagata uno sproposito ai Walaya –, e così non aveva perso l'occasione per castigare il prepotente con una sberla.

Qualche ora dopo, l'Indio Feo era tornato dall'Indio Bruto per chiedergli il machete in prestito. L'Indio Bruto aveva rifiutato.

«*No mames*, Indio» lo aveva liquidato l'Indio Feo. «Quante storie per un machete di merda...».

Fintando un calcio, Yona il Topo verificò che il cane nero non si facesse illusioni sulla sua scodella di rancio. Ma l'animale non si era mosso, come sempre gli stava accucciato tra i piedi, lanciandogli casomai uno sguardo languido, o scodinzolando debolmente.

Gli uomini lo chiamavano Sonar perché era sempre capace di ritrovare la strada. Spariva di tanto in tanto per un paio di giorni, in cerca di cibo probabilmente – perché Yona non gli aveva mai dato da mangiare. Poi ricompariva misteriosamente sul cammino della colonna, guidato dal suo istinto infallibile, e per una settimana si accontentava di restare tra le gambe del padrone.

Yona il Topo l'aveva trovato durante i suoi giri da paria pezzente: il cane montava la guardia sul cadavere mezzo imputridito di un percorritore, ringhiando cercava di allontanare le mosche e le formiche. Aveva scelto Yona come successore.

[Dal quaderno verde di Carvajal]

Queste giornate di assedio, Trini, sono oziose. Nei pomeriggi di noia mi siedo nella radura, abbracciandomi le ginocchia. Chiudo gli occhi. La presenza degli uomini e dei loro demoni mi solletica la percezione. Mi diverto a contarli a occhi chiusi, punti salienti nella vibrazione di fondo che ormai pervade il mio universo. Come un tempo avrei contato le lucciole.

A volte mi addormento, così, con la schiena poggiata su un tronco. I miei sogni sono tanto vividi quanto estranei, come se mi fossero suggeriti. Come se qualcosa o qualcuno stesse cercando di entrare in contatto con me.

Tutte le mattine la staffetta mi porta notizie dell'accerchiamento. L'Inglese e Lagrange conducono i fianchi della colonna. Columbus coordina le operazioni dalle retrovie. Da giorni non vedo Lagrange, ma non importa.

I tre Indios – la mia guardia del corpo personale – si allontanano spesso con la scusa delle «provviste per il luogotenente». Se ne vanno con il mulo, ma tornano con un solo sacchetto di mais. Ad ogni modo io non tocco cibo.

Il secondo contatto ebbe luogo alle ultime luci della sera.

Carvajal spalancò gli occhi sulla radura. Aveva sognato ancora. Sullo sfondo delle palpebre aveva ancora stampato il demone urlante, violaceo, che mulinava le braccia come se fossero antenne da sintonizzare.

Poi lo mise a fuoco. Lì di fronte, abbarbicato sul tronco della palma: un grosso scarafaggio roteava le antenne. Identico a quello dell'altra notte, nella capanna. Simile al demone del sogno che aveva appena sognato.

Carvajal puntò le mani per terra e si tirò in piedi. Dall'insetto, naturalmente, non proveniva un'aura. Eppure in qualche maniera era sicuro che fosse il responsabile dei suoi incubi.

Fu allora che lo scarafaggio, come se si fosse accorto di essere osservato, sgambettò giù dal tronco della palma. Poi corse per qualche metro verso la fine della radura, e lì si fermò. Carvajal fece un passo nella sua direzione. L'insetto fece ancora un metro. Un passo. Mezzo metro. Sembrava aspettarlo.

Carvajal si voltò indietro, gettò un'occhiata agli uomini sulla soglia delle capanne. Poi lo seguì.

Dopo i lunghi anni dell'esilio e dell'incognito, Isabel, la concubina dagli occhi azzurri, rivedeva la regione selvaggia che circonda Latitudine 0°.

È l'angolo di foresta in cui la vegetazione pluviale si fa più germinante, più assetata di vita. In cui la lotta per la vita si fa più violenta e innegabile. Ai fusti delle grandi piante si accavallano le liane e le bromelie, a scapito le une delle altre. Un esercito di insetti infaticabili brulica e si nutre tra le foglie, i rami e le radici: essere vivo equivale a essere cibo. All'ombra degli alberi, sprofondati nel sottobosco, i piccoli mammiferi si moltiplicano e si nascondono. Sono terrorizzati da tutto, e con buona ragione. Rettili, anfibi, uccelli si cacciano e si divorano a vicenda. I forti divorano i deboli prima di diventare cibo per i debolissimi. E in cima alla piramide, dediti alla loro forma speciale di antropofagia, stanno i percorritori con i loro demoni – forma esemplare, modello delle leggi che reggono la foresta.

Isabel si guardava intorno con nostalgia. Nostalgia della corte dell'egemone, del fiorire incontrollabile della fortezza centrale. Di quell'esistenza violenta e dissipatrice che l'aveva portata ai più alti onori sotto il Cacique, il vecchio egemone giusto che tutti i capitani rimpiangevano, e che Columbus avrebbe vendicato.

A Carvajal bastava camminare piano per stargli dietro, come se l'insetto facesse attenzione a non seminarlo.

Poi un altro scarafaggio si unì alla marcia del primo. E poi un altro, e un altro ancora da sinistra. Adesso erano in quattro, grassi, i carapaci unti e luccicanti, che correvano tra gli alberi intrecciando le traiettorie.

Ormai erano lontani dalla pista battuta, ma si inoltravano nella vegetazione scegliendo il cammino più facile, badando a evitare gli arbusti e le liane perché Carvajal potesse seguirli senza fatica.

Come era arrivato nella foresta? Da quando aveva incontrato Carvajal, il luogotenente, Yona cominciava a ricordare.

Era lui, sì, il luogotenente era il nuovo dottore. Quello che restava allo studio anche di notte. Il nuovo dottore, l'altro dottore, quello che stava cercando il Russo. E Yona ricordava di odiare il Russo, lo odiava almeno quanto il ratto giallo che gli stava prosciugando lo stomaco, ma del Russo aveva anche paura. Tutti avevano paura del Russo. Tra i barboni di Mexico D.F. non era stato difficile seguire la pista del Russo fino a San Miguel. Non era stato difficile fiutare il cammino per il matorral: di certe cose per strada si parla, di certe cose per strada si sa.

I quattro scarafaggi procedevano adesso più lentamente. Spesso Carvajal doveva aprirsi la strada tra le foglie, graffiandosi le braccia, per poi ritrovarli dietro il cespuglio che lo aspettavano. Nella luce flebile del crepuscolo, i carapaci accennavano riflessi violacei.

Poi si fermarono. Il cammino era interrotto da un fitto strato di rami e foglie, inestricabilmente, quasi artificialmente intessuti. Più che un groviglio di fronde, ricordavano una parete compatta.

Gli scarafaggi si radunarono sotto le radici esposte di un enorme albero caduto, che sbucava fuori dalla parete vegetale. La corteccia dell'albero era butterata, scalfita e becchettata: succede quando gli animali scoprono le proprietà curative della resina. I quattro scarafaggi esitarono, come per accertarsi che Carvajal li avesse visti bene. Poi scomparvero tra le radici.

Carvajal si accovacciò, sporse la testa verso la base del tronco. Dall'altra parte vedeva luce, solo pochi metri più in là: il vecchio albero era completamente cavo. Allora si mise in ginocchio tra i fittoni morti delle radici e si infilò nel buco.

Quando Columbus aveva ritrovato l'Inglese, prima dell'assalto al Giardino e della formazione di una vera colonna, il Guerriero giaguaro era ridotto a una pallida ombra di quello che era stato: costretto per anni a sopravvivere come una bestia, tra i paria, come un reietto... smagrito e smunto, chi avrebbe riconosciuto in lui un demone famoso?

Anche l'Orbo rosso era sfibrato, e Columbus stesso dava l'impressione ovvia del dominatore decaduto. Ma l'Inglese capì subito che il vecchio compagno d'armi, pur diminuito nell'aura, aveva guadagnato altre qualità. Innanzitutto quel sentore di autosufficienza, quasi da demone saturo... la fame patita durante l'esilio doveva avergli insegnato molto. Ma non era solo questo: nell'Orbo rosso l'Inglese sentiva l'indizio di un nuovo, oscuro potere – un'asperità inspiegabile, un sapore ruvido che non aveva mai percepito in nessun'altra aura.

Nei profondi territori del nord, il più lontano possibile da Latitudine o°, Columbus aveva radunato una manciata di uomini: erano paria senza padrone, carne da macello per i percorritori delle colonie.

Columbus gli aveva proposto di unirsi a lui, di tornare al suo fianco per tentare insieme un'impresa disperata. L'Inglese aveva accettato. L'Inglese l'aveva seguito.

All'altro capo del tronco cavo, nel circolo di luce, i quattro scarafaggi si erano fermati ad aspettarlo. Carvajal sporse la testa appena in tempo per vederli correre verso una grande palma.

E lì, seduto per terra, la schiena appoggiata contro il tronco, c'era un vecchio avvolto in un mantello, con un cappellaccio calato sugli occhi. I quattro scarafaggi gli risalirono lungo la gamba, scesero per il braccio dopo aver attraversato l'incavo dell'ascella e gli sparirono nel buco della manica. Il vecchio non reagì.

Carvajal si tirò in piedi, si avvicinò alla figura ammantata. Sembrava addormentato. Aveva la pelle nera, e sotto la falda del cappello sbucavano riccioli grigi e infeltriti. Quella era una faccia da sopravvissuto alla fine del mondo.

Carvajal si chinò per osservarne meglio i lineamenti fatti di terra bruciata. L'accenno di un sorriso increspò le labbra del vecchio. Poi, prima che Carvajal potesse anche solo sospettare la dissimulazione, l'aura del demone esplose fragorosamente. Tutta la radura fu invasa da una luce viola. Il David Bowie azzurro impallidì e si sentì perduto.

Un volto diafano di donna alzò la testa sopra la testa del vecchio.

El Bicho si tirò in piedi scuotendosi la polvere dal mantello.

«Avrai sentito parlare della Maga» disse a Carvajal.

Latitudine 0°, la fortezza centrale, sorge esattamente sull'Equatore. È a tutti gli effetti una costruzione, pur senza essere un edificio: emana direttamente dal controllo dell'egemone sulla vegetazione circostante, rami e foglie di alberi giganteschi si intrecciano tra loro per formare la volta delle sale – architetture vive, materia organica pulsante.

Senza alcuna possibilità di resistenza, Carvajal fu condotto alla fortezza dal Bicho e dalla sua scorta indigena. Al passaggio del Bicho la parete vegetale scioglieva il suo intreccio, si apriva in una sorta di corridoio che a intervalli regolari lasciava filtrare la luce.

Si fermarono in uno spazio più ampio, a metà strada tra una camera e una radura. El Bicho congedò la scorta, poi si sedette su un tappeto di muschio che istantaneamente si adattò per accogliere il suo peso.

«Gaspar, Gaspar, Gaspar» esordì l'egemone. «Stai diventando una celebrità locale... A Latitudine 0° non si parla che di te».

El Bicho allungò una mano verso la parete. Spezzando un paio di rami, ottenne una finestrella da cui zampillò un soffio d'aria fresca.

«E vuoi sapere perché parliamo di te?».

Carvajal annuì. La sola presenza della Maga limitava al minimo le sue capacità di concentrazione.

«A quanto pare,» proseguì El Bicho «tu hai una qualità rara, una qualità unica. Tu sei un uomo di ricordi, Gaspar... Per questo vorrei che mi parlassi del tuo passato».

La mente stretta come in una morsa, Carvajal attinse alle prime informazioni disponibili.

«Sono nato a Cuenca, alle soglie del Ventesimo secolo, dalla figlia di un latifondista locale e un ingegnere galiziano, emigrato in America per partecipare alla progettazione della nuova rete ferroviaria».

Era la sua nuova storia, quella che gli uomini avevano inventato per lui. La storia del luogotenente Carvajal.

«Non quel passato» sospirò El Bicho allentando la presa sul demone David Bowie. «Voglio l'altro, quello vero. Il passato dal mondo di fuori».

I tre Indios tornarono al campo a buio fatto. Per prima cosa consegnarono due patate rinsecchite alla vecchia Curcuma, poi si affacciarono alla porta aperta della capanna di Carvajal per mettersi a disposizione.

Grande fu la loro sorpresa quando la trovarono deserta. In qualità di guardia personale del luogotenente, si informarono seduta stante con gli uomini del manipolo: ebbene, Carvajal era sparito da diverse ore, tanto che avevano inviato una staffetta al comando centrale per avvertire della sua assenza. C'era addirittura un chierico che sosteneva di averlo visto allontanarsi da solo, nel folto della foresta.

«*Hijo de la chingada y cabrón!*» ringhiò l'Indio Bravo picchiando le mani sulle cosce. «Svelto, Indio Bruto. Corri ad avvertire il dottor Lagrange. Corri, Indio!».

Per prima cosa El Bicho accompagnò Carvajal in una lunga visita della fortezza. Dopo la grande sala delle latifoglie, sede del trono dell'egemone, passarono in rassegna lo stagno, la sala delle bromelie e tutte le altre famose meraviglie di Latitudine 0°.

«Per qualche tempo resterai mio ospite» gli aveva spiegato El Bicho. «Sarai libero di muoverti a tuo piacimento. Ogni tua richiesta, purché ragionevole, sarà esaudita. A patto, beninteso, che non cerchi di abbandonare la fortezza».

La conversazione era andata avanti su un tono educato, punteggiata dalle domande dell'egemone sulla vita nel mondo di fuori. I dettagli più insignificanti della biografia di Carvajal risvegliavano in lui una curiosità autentica.

Stavano passeggiando per il vivaio del Bicho, tra i filari di piante carnivore nutrite con insetti cacciati appositamente dalla sua guardia indigena, quando Carvajal deviò bruscamente la conversazione.

«Tu sai che Columbus sta arrivando» disse.

E si aspettava una nuova stretta alla gola del David Bowie. Ma la stretta non arrivò.

«Lo so» si limitò a rispondere l'egemone, senza sciogliere le dita intrecciate dietro la schiena.

«E da me, cosa credi di ottenere?».

«Molto».

«Perché sono un luogotenente?».

«No».

«La colonna è piena di soldati in grado di prendere il mio posto».

«Il tuo posto?» esclamò El Bicho. Per poi continuare, ridendo da zigomo a zigomo: «Tu ti sottovaluti, Gaspar. Ho in serbo per te qualcosa di meglio che il grado di luogotenente. Se lo vorrai, potrai partecipare a un mio piccolo progetto politico...».

Dove Carvajal avrebbe visto soltanto un groviglio impenetrabile, El Bicho scostò con la mano una cortina intessuta di foglie, invitandolo a procedere.

«Vieni, vorrei farti conoscere qualcuno».

Carvajal si immobilizzò sulla soglia.

Nella sala successiva c'era Nina. Nina, in piedi sotto la corona di sangue di un albero del fuoco. Teneva per mano una bambina bionda.

«Eccoli qui, il mio Adamo e la mia Eva» commentò El Bicho inspirando di soddisfazione.

Il dottor Lagrange arrivò al campo un'ora dopo, a cavallo, con l'Indio Bruto che gli ballonzolava alle spalle. Smontò immediatamente, e l'Indio Bravo lo accompagnò subito alla capanna più grande dell'avamposto.

Carvajal aveva lasciato poco: una coperta sgualcita, la torcia elettrica... accanto al giaciglio di paglia, un quaderno con la copertina verde.

Il dottor Lagrange sollevò il quaderno, lo aprì. Un foglio ripiegato cadde sul pavimento.

[Dalla pagina strappata dal libro dei ricordi di re Daniel]
Accadde due, forse tre mesi dopo la partenza del traditore Arva. Nella foresta, gli iniziati della costrizione ritrovarono la percorritrice che aveva assassinato Soli. La circondarono e la uccisero, poi portarono il suo corpo alle vecchie del villaggio, perché se ne occupassero come si fa con i nemici vinti. Ma le vecchie si accorsero subito che, nel corpo della morta, qualcosa voleva vivere a tutti costi. Aprirono il ventre con un coltello, ne estrassero un feto non ancora formato. Gli occhi e le labbra erano sigillati, ma il piccolo cuore batteva, batteva... La percorritrice era incinta. Nessuno, nella foresta, aveva mai sentito una cosa del genere. Né allora, né adesso che conosciamo bene i non morti.

In piedi tra le gonne di Nina, la bambina lo guardava fisso. Poteva avere un anno, o due... Quanto tempo era passato? Carvajal si sentiva girare la testa.

La bambina si mise un'unghia in bocca, abbassò la fronte e alzò gli occhi. La curva delle palpebre le cadeva verso i lati coprendole a metà le iridi azzurre. Somigliava a Nina, e questo le dava un'aria triste che le guance rosa come una mela contraddicevano.

Ghignando di compiacimento, El Bicho osservava le reazioni di Carvajal. Lo guardava capire poco a poco – o forse aveva capito immediatamente, e poco a poco riconosceva quello che aveva capito.

«Ciao Gaspar» disse Nina.

Proprio in quel momento una delle guardie indigene entrò nella sala, si avvicinò all'egemone e gli sussurrò qualcosa all'orecchio.

«Ti comunico,» disse allora El Bicho rivolto a Carvajal, senza che una piega soddisfatta gli abbandonasse gli angoli della bocca «ti comunico che i tuoi compagni d'armi hanno appena completato l'accerchiamento di Latitudine 0°. Ufficialmente, siamo assediati».

Poi si piegò sulle ginocchia e mandò un bacio verso la bambina.

«Vieni, scoiattolo,» disse, mentre la piccola lasciava timidamente la mano di Nina «andiamocene di là. Così mamma e papà possono parlare».

La bambina si aggrappò alla mano nera e nodosa e lo seguì oltre la cortina di foglie. Intorno alla testa le svolazzava un colibrì. Giallo, diafano e fosforescente.

«Come l'hai chiamata?» chiese Carvajal a Nina, appena furono rimasti soli.

«Riktayrka».

«E cosa vuol dire?».

«Vuol dire: mi ha allattata la tigre che si era mangiata mia madre».

Carvajal la guardò e sorrise. La curva delle palpebre, la piega delle labbra erano le sue, quelle che conosceva bene.

«Non è possibile» le disse. «Nella foresta non nascono bambini».

«In famiglia rimaniamo incinte come niente…».

«Ma io non posso. Ho fatto un esame, a Siviglia: zero per cento di probabilità».

«La foresta guarisce».

«Sei sicura?».

«Stupido».

«Tu sei proprio sicura?».

Più tardi, a notte fonda – quando si stringevano nel letto di foglie, il petto di lei contro il petto di lui, le gambe di lui premute fino alla punta dei piedi contro quelle di lei –, Carvajal sentiva ancora che qualcosa mancava. Sentiva come un dolore di non poterla stringere abbastanza, di non poter combaciare meglio. Eppure già quello era molto combaciare.

La mattina dopo, una guardia indigena l'aveva accompagnato nel labirinto di rami e radici, per sbucare chissà come nella grande sala delle latifoglie. El Bicho lo aspettava lì, seduto e accigliato. Voleva parlargli dei suoi progetti.

«Capisci?» diceva l'egemone a Carvajal. «Columbus vuole cambiare i percorritori, vuole domare la natura del demone, vuole sradicare la nostra fame: Columbus vuole distruggere la foresta, ma io voglio salvarla».

Con il senso della pelle di Nina ancora sulle dita, Carvajal ascoltava il monologo ai piedi del trono.

«I *duques* dicono di me che sono un egemone sanguinario... ma io credo di essere stato semplicemente il più disinibito. La mia è stata un'ascesa veloce, non mi ha lasciato tempo per gli scrupoli. Mi sentivo la forza necessaria a prendere il mondo e non mi sono tirato indietro. Ho nutrito la Maga. Tu cosa avresti fatto al mio posto?

«Gaspar, in guerra non c'è spazio per le remore morali. Vince chi non limita i propri mezzi. Altrimenti lo farà l'avversario, prima o poi si deciderà a commettere l'azione che tu consideravi inammissibile.

«Ma c'è un rovescio della medaglia. Si vince spregiudicatamente per regnare su un cumulo di macerie. Si conquista il mondo distruggendone almeno la metà. Un'egemonia senza freni porta in sé il germe della propria distruzione. Prendi me, per esempio: io ho creato Columbus. Da onesto luogotenente di un egemone decrepito, ne ho fatto un rivoluzionario, un tirannicida».

Intanto, al comando centrale degli assedianti.

Isabel bussò con familiarità alla porta di legno del capitano, quella della capanna più grande, che Columbus occupava da solo e senza scorta. Poi spinse il battente con una mano ed entrò.

Si trovò subito davanti l'Orbo rosso. Il demone non si era voltato, stava già guardando verso di lei prima ancora che aprisse la porta. Ne aveva avvertito la presenza oltre le assi di legno e probabilmente già da molto prima.

Il capitano era nel fondo della stanza, disteso su una semplice stuoia, le gambe accavallate e le mani incrociate dietro la testa.

«Entra Isabel» le disse. «Anch'io volevo parlarti».

Poco prima dell'alba, una staffetta era arrivata al campo con la notizia che il luogotenente Carvajal aveva abbandonato la sua posizione.

Adesso anche Nina ricordava tutto. Siviglia, Città del Messico. Il prima e il dopo.

Dopo le segrete di Circe, dopo la morte della *duquesa*, era fuggita senza sapere dove né perché. Il Russo l'aveva trovata, l'aveva raccolta, l'aveva protetta nel marasma della città in fiamme. Era ridotto allo stremo, ma l'aveva portata via.

Allora erano tornati a vivere da paria, nelle terre selvagge... finché non se ne erano accorti. Proprio il Russo se ne era accorto per primo, molto prima che la pancia crescesse. E aveva voluto portarla qui, a Latitudine 0°: se si fosse presentato con un regalo del genere, l'egemone lo avrebbe perdonato. Ne era sicuro.

«Non sapevo, Gaspar. Non sapevo dove eri. Non sapevo come cercarti».

«C'è chi arriva nella foresta per guarire dalle malattie,» proseguiva il monologo del Bicho «c'è chi ci arriva in cerca dell'immortalità. Altri sono attratti dal desiderio dell'oro, finché non scoprono qui un'avidità ancora più grande. La maggior parte di loro conosce i rischi a cui va incontro. Sanno che si può predare ma si può essere predati, che l'immortalità di pochi si paga con la morte di molti. Eppure decidono di scommettere. Scommettono sempre».

Seduto sul trono della sala delle latifoglie, la mano stretta sul pomo del bracciolo, l'egemone parlava a Carvajal come un Plutone soddisfatto della compagnia del suo Orfeo.

«Ma una vita senza passato,» proseguì «una vita senza passato e senza futuro può stancare. L'eterno presente del percorritore è sempre intenso, ma angusto nelle prospettive. Ed è qui che entri in gioco tu, Gaspar. Ci mostri il problema da un'angolatura diversa. Nessuno di noi può ancora immaginare di cosa sarà capace la bambina, una figlia autentica della foresta, nata insieme al suo demone. Ma la bambina ha un futuro, sì, come tu hai un passato.

«Allora mi domando, Gaspar... allora ti domando: Cosa avevi tu di diverso da noi, quando sei arrivato qui? Che cosa cercavi nella foresta?»

«Cercavo Nina» rispose Carvajal, perché a quella domanda era facile rispondere.

«Bene, molto bene. Io ti posso offrire Nina. Nina ti stava aspettando, sai? La bambina era ansiosa di conoscerti. Ti offro

Nina e tua figlia in cambio del tuo appoggio, del tuo patrocinio. Aiutami a salvare la foresta. Ho bisogno del mio primo uomo e della mia prima donna, perché noi tutti vogliamo tornare umani. Perché Columbus vede nel demone un male da estirpare, mentre io ci vedo il seme della nostra nuova vita».

Nel cuore della fortezza centrale, in quella gabbia di rovi che per ordine dell'egemone non abbandonava mai, il Russo ringhiava e scalpitava di impazienza. Per quanto temporanea, quella cattività gli pesava. Ma gli ordini del Bicho non si discutono. Prima di tutto Adamo ed Eva.

Poteva andare peggio. Il mondo di fuori era molto peggio. Il mondo di fuori, che ormai era solo una pozzanghera intorbidita dall'oblio. Inspirò a fondo, nervosamente. Si sentiva strabordante di forze.

«Allora ho ricominciato a cercarti» disse Carvajal a Nina. Il groviglio di rami, fili e foglie, sopra la loro testa e intorno a loro, li proteggeva dall'afa del pomeriggio.

«Ti cercavo disperatamente» proseguì Carvajal. «In ogni fortezza espugnata. Dietro ogni cespuglio che frusciava. In ogni capanna derelitta sui rami periferici dei fiumi, dove i paria si dissimulavano al nostro passaggio».

«E adesso che mi hai trovata?».

«Ti amo, Nina. Lo sai».

«È vero».

Intanto, all'accampamento nella radura.

L'Indio Bravo puntò gli occhi nel fitto del fogliame. Focalizzò ancora una volta l'istinto di cacciatore. Senza risultato.

Sin dalle prime luci dell'alba non aveva abbandonato il posto di osservazione. Il luogotenente Carvajal poteva tornare da un momento all'altro. L'Indio ne era sicuro. E la notizia andava comunicata nel più breve tempo possibile.

La notte precedente, il dottor Lagrange aveva interrogato gli uomini del manipolo. Poi era ripartito a cavallo, portandosi dietro l'Indio Bruto, in direzione del comando centrale. Dalla stanza di Carvajal aveva preso soltanto il quaderno verde.

«Tutte le storie sono storie di splendore e decadenza. Nella foresta, diventare il *duque* di una colonia è sempre stata questione di gloria o morte. Spesso in questa successione: prima gloria e poi morte».

Seduto sul suo trono di sangue, El Bicho si era lanciato in una densa produzione aforistica a beneficio di Carvajal.

«Il più saggio dei re è il re che soffre...» continuò oscillando il palmo aperto, come per saggiare la consistenza dell'aria. «Mi aiuterai, Gaspar? Risveglierai i miei ricordi?».

«Ricordati che arriva Columbus» rispose Carvajal.

«E tu lascialo arrivare. Non vedo l'ora che arrivi. Anzi, sarò io a uscirgli incontro: mi precederete tu, Nina e la bambina. Ci pensi, Gaspar? I percorritori in ginocchio davanti al miracolo, la gente della foresta che si trasforma nel popolo della foresta».

«Ma allora perché aspettare così tanto? Perché non uscire incontro alla colonna, prima di permettere tante espugnazioni? Perché non dare subito la notizia?».

«Dovevo lasciare loro il tempo. Gli uomini dovevano avere il tempo di credere a Columbus, di sacrificarsi e soffrire per lui. Solo così capiranno quanto sono stati insensati i massacri, le privazioni subite durante la marcia... Di fronte alla bambina, capiranno che la vendetta di Columbus non valeva il loro sangue, e la loro delusione sarà cocente».

Intanto, al comando centrale degli assedianti.

«E dunque il Russo ci aspettava all'Alcazar, con i segugi sicari al completo...».

«Secondo la governante, era lì da almeno una settimana. Sapeva che saremmo arrivati».

Columbus e Isabel si guardarono e tacquero. Riconobbero l'uno negli occhi dell'altra lo stesso timore, che da molti anni non li abbandonava.

«Il Fraile non poteva averlo avvertito. Non ne avrebbe avuto il tempo...».

Li interruppe un rumore di passi fuori dalla porta. Un uomo della guardia del capitano entrò trafelato nella stanza, seguito dal dottor Lagrange e a breve distanza dall'Indio Bruto, che aveva tutta l'aria di voler scomparire sottoterra.

«Non tornerà» disse Lagrange, agitando in aria un quaderno verde. «Era in contatto con El Bicho. E qui ci sono le prove. Carvajal non tornerà».

«Resti con me, stavolta?» gli aveva chiesto Nina, distesa su un fianco sul letto di foglie.

Per un po' Carvajal aveva taciuto.

«Non posso» aveva detto poi a voce bassa, sovrastando di poco il brusio della notte pluviale.

«Perché non puoi?».

«Perché a Columbus devo la vita, la mia e anche la tua».

Stavolta fu Nina a tacere. Al pensiero del pozzo di Circe, del suo demone ragno, si sentiva soffocare. Ma disse comunque, con un filo di voce:

«Se torni da Columbus, morirai».

«No. Columbus può vincere. Anche El Bicho lo sa».

«Non può vincere».

«Perché? Come fai a esserne sicura?».

«Un traditore».

«Cosa?».

«El Bicho ha un traditore dalla sua».

Adesso Carvajal non guardava più il soffitto. Oh, avrebbe fatto qualsiasi cosa per lei, se solo avesse trovato il modo, se solo fosse stato capace di abbandonare tutto. Disse soltanto:

«Chi?».

«Non lo so» rispose lei.

«Devi dirmelo, Nina. Chi è?».

«Non so, davvero» disse Nina mordendosi le labbra. «Ma forse posso scoprirlo».

Di giorno, a Latitudine 0°, la luce del sole filtra debole ma sufficiente attraverso le mille fessure tra i rami e le liane intrecciati. Di notte viene prodotta da un esercito di termiti luminose, che dagli interstizi nelle pareti diffondono un chiarore uniforme, quasi narcotico, in tutta la fortezza.

Nel chiuso dei suoi appartamenti, il Russo pensava e aspettava. Aspettava e pensava. Dopo l'esilio, dopo l'esistenza nauseante del mondo di fuori, le cose avevano ripreso il verso giusto. E la ragazza, Nina, era stata preziosa. Sì, doveva ammetterlo. Prima era stata la chiave per penetrare nella colonia del Giardino. E poi gli aveva permesso di riconquistare la fiducia del Bicho...

In poco tempo il demone piumato aveva ritrovato vigore. Gli istinti del segugio erano tornati acuti come una volta.

Adesso, ad esempio, un'aura conosciuta... si stava avvicinando il cardellino dalla maschera rossa... Il Russo aveva visite.

Carvajal era libero di muoversi a suo piacimento nel viluppo vivente di corridoi e sale. Non incontrava altri percorritori, solo le guardie indigene dell'egemone. Ma sentiva scorrere un flusso poderoso di energia verso il centro della fortezza: Latitudine 0° brulicava di vita.

Nina era andata via da poco. Gli aveva promesso di tornare prima possibile, con le informazioni di cui lui aveva bisogno. Ma era ancora troppo presto. Doveva aspettare.

Carvajal era assorto in tetri pensieri. Si arrovellava, riprendeva i brani di conversazioni con gli altri luogotenenti. L'Inglese, Isabel... il loro passato li metteva al di sopra dei suoi sospetti. Lagrange, invece, era l'ultimo arrivato... Ma come poteva essere Lagrange?

Dopo un tratto in salita, il cunicolo vegetale sboccò su uno dei balconi della sala delle ninfee. In basso, in riva allo stagno, Carvajal scorse la bambina, assorta nei suoi giochi. A piedi nudi sguazzava nell'acqua bassa, inseguendo pesci colorati e girini. Non visto, Carvajal si fermò a guardarla: come prima la curva delle palpebre le cadeva verso gli angoli coprendole a metà le iridi azzurre. Eppure, adesso più che mai, nella forma squadrata della mandibola, nella bocca infantile ma spigolosa, gli sembrava di riconoscere i tratti e la fisionomia del Russo.

Per il momento doveva aspettare Nina. Sarebbe arrivata tra poco, con notizie sicure.

Intanto, sul fianco destro dell'accerchiamento.

Immerso nella notte rumorosa della regione centrale, tra il frinire degli insetti e i gridi degli uccelli e delle scimmie, l'Inglese ricordava l'ultima battaglia che vi aveva avuto luogo. L'impatto del cuneo degli espugnatori, il potere incontrastabile della Maga, la sconfitta. Poi lo scioglimento della formazione, il disordine e la fuga del Cacique. Gli uomini del Bicho sciamavano oltre le linee di difesa, approfittavano dello stordimento per nutrire i demoni, a quattro, a cinque chini su un percorritore solo. Selvaggiamente.

L'Inglese non aveva avuto fortuna. I segugi sicari del Russo lo avevano fiutato quando era già parecchio a nord della fortezza. Lo avevano circondato. Erano troppi persino per il Guerriero giaguaro. Quando lo avevano imbavagliato, quando il demone piumato lo aveva fiutato da vicino, senza suono ma profondamente, l'Inglese sapeva che il Russo non avrebbe mai più perso la sua traccia, per quanto lontano potesse fuggire. Sapeva che se lo lasciavano andare, era solo perché lui li portasse fino al Cacique. Ma per quella volta, aveva deciso di non morire.

Nella penombra della stanza, rischiarata dai bachi luminosi e dai bagliori dei demoni, Nina stava distesa e gli accarezzava la testa. E il Russo parlava, ammansito dall'aura benefica del cardellino.

Insieme a Columbus. Durante la caduta del Giardino ne aveva avuto la certezza. Insieme a Columbus c'era ancora lui. L'Inglese. Quel cane fetido. No, non Isabel... non il dottor Lagrange... Il traditore era stato sempre e solo l'Inglese.

Columbus, non sa, non sospetta di lui. Ma il cane è pronto a tradire di nuovo.

Quando il cuneo sarà schierato, quando verrà ad affrontare la potenza della Maga, Columbus perderà un terzo delle sue forze. Il terzo migliore. E Columbus sarà troppo debole, nemmeno i trucchi da indigeno lo salveranno. Io sarò ancora il luogotenente dell'egemone. Tu sarai Eva con o senza Adamo.

Intanto, sul fianco destro dell'accerchiamento.

L'Inglese ripensava alla Maga. Al calore insostenibile della sua aura violacea. No, non si sarebbe opposto. Non si sarebbe messo contro la Maga. Per questo aveva ceduto... dopo la prima volta, è più facile. E poi il Russo aveva ragione: se Columbus avesse vinto, avrebbe scoperto tutto. Non avrebbe perdonato. Nemmeno Columbus perdona più.

Per l'Inglese, ormai, distruggere era troppo più facile che ricostruire.

È l'Inglese, si ripeteva Carvajal, è l'Inglese.

I tre Indios, Natalia, Lagrange e tutti gli altri erano in grave pericolo.

«Cosa farai adesso?» gli chiese Nina.

Il cardellino dalla maschera rossa brillava a una spanna dalla sua testa, e i capelli ne ricevevano una luce dorata che a Carvajal sapeva già di amara nostalgia.

«Devo trovare il modo di uscire da qui. Devo parlare con Columbus».

«Non c'è modo di lasciare la fortezza. Solo l'egemone può aprire la strada».

«Devo provare». Per poi aggiungere, dopo una pausa: «Capisci?».

«No, non capisco. Perché non puoi restare?».

«Devo provare».

«Resta».

Carvajal la guardò a lungo. Le tremavano le labbra, e a lui cominciava già a tremare lo stomaco.

«Se non vuoi restare,» riprese Nina distogliendo lo sguardo «posso aiutarti a trovare l'uscita».

Carvajal annuì, le passò un pollice sullo zigomo.

«Perché fai questo per me, Nina?».

«Perché tra tutti, tu sei quello che mi ha amata di più».

«È vero».

Dal balcone della sala delle ninfee scesero allo stagno, dove la bambina giocava con una pelle vuota di serpente. Come fosse un trenino. Alzò la testa e sorrise alla vista della madre. La presenza del colibrì aveva un sapore inconfondibile, tanto per Nina quanto per Carvajal.

«Fammi vedere il gioco che hai imparato a fare».

La bambina si sollevò da terra. Non parlò nemmeno questa volta. Ma poggiò le mani sulle pareti della sala, e di colpo le foglie si districarono, si ritirarono o caddero al suolo liberando l'imboccatura di un corridoio. E in fondo al corridoio c'era il buio della notte.

La mattina dopo, nel giorno della grande battaglia per Latitudine 0°, la colonna di Columbus strinse l'accerchiamento fino a rendere inevitabile il contatto con gli assediati. Distribuiti uniformemente intorno alla fortezza centrale, gli uomini erano ormai abbastanza vicini da formare il cuneo senza rompere la formazione ad anello che avrebbe impedito la fuga al nemico. L'essenziale era mantenere il flusso verso il rango successivo, e così via fino ai tre luogotenenti di Columbus: l'Inglese, il dottor Lagrange e Isabel – che aveva preso il posto di Carvajal, nonostante la natura poco bellicosa del suo demone saturo.

Nel folto della vegetazione pluviale, ad ogni modo, uno schieramento compatto sarebbe stato impensabile: gli uomini dovevano avanzare come potevano, spesso a molti metri di distanza l'uno dall'altro. Qualcuno usava il machete per sfrondare il cammino, altri strisciavano tra le liane e gli sterpi, graffiandosi il corpo e stracciando i vestiti. Ma convergevano tutti verso il centro dell'accerchiamento, e anche quando perdevano il contatto visivo con i compagni, non si interrompeva il flusso di energia. L'importante era dare e ricevere, e indirizzare sempre il flusso verso il vertice del cuneo. Verso il capitano, Columbus.

«Lasciami strangolare quel collo sottile, lasciami nutrire del cardellino...» supplicava il Russo ai piedi del trono. «Lei ci ha traditi, lei lo ha fatto fuggire».

«No» ruggì l'egemone. La Maga sfolgorava alta e feroce contro il demone piumato. Era solo per un miracolo di controllo se l'osmosi, il flusso dal più debole al più forte, non cominciava immediatamente.

«Lei ci ha traditi. Teniamo la bambina, egemone, ma puniamo la madre...» continuava il Russo, cercando di trattenere il tremito dei denti.

«No» rispose ancora El Bicho. «Voglio la bambina e voglio la madre. Voglio la bambina, la madre e il padre. Voglio l'uomo che risveglia i ricordi».

Il Russo emise un sibilo, tra il ringhio e l'ansima.

Allora l'egemone contrasse l'aura della Maga, riportandola a dimensioni tollerabili. Come si addice a un re riformatore.

Mentre il cuneo di Columbus, lentamente, si stringeva ad anello sulla compagine dei difensori, Carvajal correva da solo verso il cuore di Latitudine 0°. Tornava per Nina, stavolta non sarebbe andato via senza di lei.

Non aveva un'idea precisa di come penetrare la cinta vegetale. Sperava nel disordine della battaglia, forse allora avrebbe trovato un'occasione... Purché Nina fosse salva. Purché arrivasse in tempo... Ma Nina era troppo importante per i progetti del Bicho. No, l'egemone non poteva permettersi di perderla.

La notte prima, Carvajal si era consegnato alle sentinelle del comando centrale, con i tre Indios che l'avevano voluto accompagnare a tutti i costi. Li aveva circondati un manipolo di uomini che erano poco più che paria, qualcuno aveva pronunciato la parola «disertore», e allora il lupo bluastro dell'Indio

Bravo aveva scoperto i denti. Ma Carvajal non aveva intenzione di opporre resistenza.

Il capitano lo aveva ricevuto subito, da solo a solo. Vista la disparità dei demoni, la presenza delle guardie era del tutto superflua. L'aura dell'Orbo di Columbus aveva investito immediatamente Carvajal. La sensazione era opprimente, non dissimile da quella provata in presenza della Maga. Ma di fronte all'Orbo, il David Bowie azzurro sapeva cedere terreno, era disposto a offrire la gola. E così Carvajal aveva ripreso fiato.

Columbus ascoltò quello che il suo luogotenente aveva da dire. Dovette credergli, se gli accordò il permesso di lasciare nuovamente il campo, in segreto, prima dell'assalto previsto per l'alba.

E così Carvajal aveva un netto anticipo sull'avanzata del cuneo quando, insospettabilmente, Columbus ordinò di sciogliere i ranghi e disperdere l'energia.

Dai bastioni della fortezza, sotto i quali i difensori aspettavano in attesa dello scontro, El Bicho sentiva avanzare una grande massa di energia. Non erano ancora così vicini, c'era il tempo di organizzare il cuneo. Il Russo, come era logico, prese posto nel secondo rango. El Bicho pensò che gli sarebbe piaciuto avere quel Carvajal tra i suoi. Che sarebbe stato un apporto prezioso. Ma di Carvajal si sarebbe occupato più avanti. All'egemone restavano carte da giocare.

La Maga spalancò le braccia e l'aura violacea si diffuse, era un velo sugli occhi dei difensori. Gli uomini donavano con generosità, e la Maga sembrava come sempre incolmabile. El Bicho focalizzò il cuneo come uno specchio ustorio, e lo rivolse verso l'onda che minacciava di spazzare via la fortezza. Era una forza compatta, evidente, un sole in un cielo terso.

El Bicho schioccò le labbra. Lo scontro era vicino. Presto la defezione dell'Inglese avrebbe provocato lo sbilanciamento che stava aspettando.

E invece, improvvisamente, il fronte degli assalitori si sgretolò del tutto.

Columbus doveva avere sciolto il cuneo... Ma perché?, si chiedeva l'egemone. Che cosa aveva in mente?

Alla percezione inequivocabile del nemico si sostituì un ronzio diffuso, difficile da individuare. Uno sciamare vago quanto minaccioso di innumerevoli individualità. Come un colpo di frusta, El Bicho liberò l'energia del cuneo contro il primo punto che gli capitò a tiro. Folgorato, il percorritore si svuotò istantaneamente e cadde afflosciandosi al suolo. Ma intanto lo sciame assaliva le periferie della formazione. I fianchi venivano erosi senza che i singoli demoni, aggiogati tutti nel cuneo della Maga, potessero difendersi.

Al Bicho non restava che sciogliere a sua volta lo schieramento. Il vantaggio dovuto alla defezione dell'Inglese era perduto. Cominciava il massacro.

Ai piedi di Latitudine 0° – uno contro l'altro, uno sull'altro, urlando e schiumando –, i percorritori si affrontavano in duelli singolari di inaudita violenza, che il più delle volte si concludevano con la consunzione di uno dei contendenti.

Al furore dei demoni si sommava la cruda ferocia dei corpi, dei sassi, dei coltelli, delle frecce. Le guardie indigene dell'egemone correvano per il campo di battaglia distribuendo fendenti. Ma più numerosi erano i naturali delle tribù sollevate da Columbus, che in quella battaglia cercavano il loro riscatto. Approfittando dei demoni imbavagliati – o di quelli troppo occupati dallo scontro –, attaccavano il corpo dell'ospite con gli archi e le lame di ossidiana. Dopo lunghi anni, forse secoli, un campo di battaglia della foresta si tingeva di sangue, oltre che essere squassato dalle grida mute degli spiriti.

Con una vanga stretta tra le mani e la soriana azzurra raggomitolata su una spalla, pronta a scattare, Natalia si aggirava tra le case di un insediamento abbandonato da poche settimane, ma già inghiottito dalla vegetazione. Aveva trovato l'attrezzo in un ripostiglio: con le mani indurite dal lavoro aveva liberato il manico dagli sterpi che lo avviluppavano, poi l'aveva spezzato dove le termiti l'avevano reso fragile, per impugnarlo come una mazza.

Sgomento, l'Indio Bruto si rese conto di essere stato separato dai fratelli. L'urto dell'assalto aveva sparpagliato gli uomini al punto che era difficile distinguere gli amici dai nemici, figuriamoci ritrovare i propri compagni di manipolo. Freneticamente si voltò a destra e a sinistra, ma per il momento vedeva solo un intrico di rami e foglie, pervaso dal brusio delle presenze dei demoni.

In alto sulla testa del dottor Lagrange, Theia, il satellite rosso, caracollava sbalzata dal punto di equilibrio, come il cimiero di un guerriero iliadico. Mentre il dottore combatteva e si nutriva, il satellite si tingeva di un colore sempre più fondo.

Intanto Lagrange si sforzava di dirigere gli uomini, di impedire se possibile che si ammazzassero a vicenda, che confondessero una macchia di sangue sulla casacca del vicino con la striscia di tela rossa che i soldati del Bicho portavano intorno al collo a mo' di uniforme.

Il Russo si sentiva a un passo dalla vittoria. Stavolta avrebbe cancellato la vergogna. Lui, che aveva portato all'egemone il

vecchio Cacique in persona, per poi fallire con un semplice luogotenente. Molti, molti anni prima, ma non aveva dimenticato. Perse le tracce, non c'era stato verso. Aveva sguinzagliato i suoi segugi sicari, ma la foresta è abbastanza grande per un uomo che si vuole nascondere. Dell'aura di Columbus aveva solo una cognizione vaga. E così, dopo la gloria per la cattura del Cacique, era seguita la disgrazia. La vergogna, la vergogna. Era scappato lontano dal rancore dell'egemone, solo, senza i suoi uomini. Ultima umiliazione, rinunciare a un pasto che pregustava da tempo: il Guerriero giaguaro di quell'inutile Inglese. Troppo pericoloso, c'era il rischio di incappare nei soldati del Bicho. Non poteva permettersi deviazioni. Senza contare che il Guerriero giaguaro non era una preda facile da affrontare da solo. Uno scontro incerto, pericoli inutili. Indecisione, paura. Il ricordo della paura lo rendeva furioso.
La sagoma del percorritore comparve sulla soglia del capanno. Natalia aveva dissimulato in tempo, non l'aveva ancora notata. L'uomo si acquattò nella penombra, forse sperava di tendere una trappola ma non immaginava che la trappola scattasse per lui. L'energia del demone, compressa dalla dissimulazione, non bastò a proteggerlo dal fendente a una tempia: e intanto la soriana azzurra saltava al collo del suo cinghiale maculato, preso alla sprovvista, incapace di reagire a un attacco su due fronti. Il corpo crollò a terra, Natalia non si curò di rivoltarlo.

Mentre il lupo dell'Indio Bravo azzannava furibondo tutto quello che gli passava a portata di bocca, l'Indio Feo si era attaccato alla manica del fratello maggiore. Dobbiamo cercare quell'Indio Bruto *de la chingada*, gli diceva. E tanta era la preoccupazione che si distraeva dalla battaglia, con il rischio che la faina finisse schiacciata dalle zampe di un elefante indiano – un elefante azzurro e fumoso il cui peso inconsistente era tutto concentrato nei piedi ungulati.

Anche la vecchia Curcuma combatteva. Ma combatteva svogliatamente, come se poco le importasse di vivere o morire. E infatti morì quasi subito, il suo demone istrice finì travolto dal galoppo di un mulo rossastro – scalciava per liberarsi di un cane che gli lacerava la groppa con le zanne. In quel groviglio di flussi, di energia perduta e guadagnata, la vecchia non si distingueva già più.

Nascosto da un cespuglio, l'Indio Bruto sussultava a ogni suono, a ogni frusciare di foglia. La scimmia non aveva fame. Anzi, l'Indio si sentiva come se gli si fosse nascosta nello stomaco. Come se gli tremasse tra gli organi dell'addome, provocandogli un prurito insopportabile. Dissimulare, pensava, dissimulare. Stringeva gli occhi e tratteneva il respiro. E così non si accorse della guardia indigena che, silenziosa come solo i cacciatori naturali, scendeva – a quattro zampe e a testa in giù – lungo il tronco di una palma. Non la vide, solo all'ultimo istante ne avvertì l'odore acre. Una ragione in più per serrare le palpebre. Quando la mazza gli cadde sulla testa, quando le lame di ossidiana morsero il cranio, fu come svegliarsi di colpo senza essersi svegliato mai.

L'Inglese si manteneva ai margini della battaglia. Ad allontanare i furori della mischia, bastava la figura eretta del Guerriero giaguaro.

L'Inglese osservava e rifletteva. Columbus aveva sciolto il cuneo, di sorpresa, senza parlarne con lui che era il primo dei suoi luogotenenti. Vuol dire che sapeva. Se aveva rotto lo schieramento, era perché sapeva che lui, l'Inglese, avrebbe tradito. Ma adesso, in mezzo a quella carneficina, il tradimento di un uomo solo significava poco. Ancora una volta l'Inglese doveva correggere le sue opinioni su Columbus. Prima non lo avrebbe creduto capace di tanto.

Percepiva distintamente l'aura dell'Orbo rosso. No, non si stava avvicinando. Il demone di Columbus si dirigeva altrove, lontano dal cuore della battaglia. Per ora non si curava di lui, e l'Inglese si sentì sollevato: comunque andassero le cose, non sarebbe dovuto intervenire.

Proprio allora il primo dei segugi sicari uscì dalla dissimulazione. L'Inglese ne percepì l'aura come un paio di occhi di gatto che all'improvviso si spalancano nel buio. Poi un altro paio, e un altro ancora. E il Russo fu l'ultimo a manifestarsi.

Immediatamente il Guerriero giaguaro saltò, tanto che il demone piumato finì sbalzato a terra. Ma prima che le zanne del giaguaro raggiungessero quel collo d'aquila, i segugi sicari si gettarono in suo soccorso. Così si concluse l'ultimo assalto dell'Inglese. Il Russo si alzò, si spolverò le maniche della giacca e ringhiò di rabbia. Prima di radunare i sicari, sferrò un calcio con la suola della scarpa nelle costole del cadavere. Poi disse: «*Vamos*», e il drappello scomparve tra gli alberi e le fronde, in direzione della fortezza.

Infuriava la battaglia per Latitudine 0°, così diversa da qualsiasi altra battaglia, da qualsiasi altra espugnazione. Ben più che per la vittoria del capitano, gli uomini si massacravano per la fame del demone, o tutt'al più lottavano con le unghie e con i denti per avere salva la vita.

Ma il più furibondo dei duelli si sarebbe consumato in disparte, lontano dalla mischia. Tra le radici tese di un grande ebano, si fronteggiavano due grandi dominatori del demone.

Se fosse passato di lì un naturale ignaro, ci avrebbe visto poco più che due vecchi seduti, forse stanchi, due vecchi che di rado alzavano gli occhi per guardarsi in faccia. Un paria, invece, sarebbe fuggito in preda al terrore: lo scontro tra l'Orbo e la Maga assumeva dimensioni e sfumature troppo inspiegabili, di una violenza troppo sanguinaria per non suscitare sgomento in un demone fragile.

In disparte, sì, finché ai piedi della fortezza non si interruppe il primo tra i mille scontri che componevano la battaglia: un demone azzurro, coperto di squame come un serpente, abbandonò la presa sulla caviglia di un grande lupo nero dagli occhi d'uomo. L'ospite del demone azzurro, un ometto tarchiato e quasi calvo, già fervente sostenitore del Fraile, schiuse le dita che fino ad allora erano state strette a pugno, e rilassò le mandibole. Sembrava aver fiutato qualcosa nell'aria. Ma la cosa più inspiegabile era che l'avversario non approfittasse della sua disattenzione per spaccargli la tempia con il sasso che aveva in mano.

Poco a poco la forza dei colpi dei demoni si affievoliva, come se la furia della battaglia venisse convogliata in un unico punto lontano. Più di un demone duellante abbassò la guardia, si espose incautamente all'attacco di avversari che non approfittavano dell'occasione. Sempre di più erano quelli che capivano cosa stava succedendo, che accettavano, anzi cercavano di agevolare quel flusso di energia fuori dal proprio corpo. Poi, ancora in silenzio, anzi attraversati da un unico mormorio indistinguibile, i due eserciti mescolati mossero verso il grande ebano.

Il groviglio dei rami si faceva sempre più fitto man mano che Carvajal si avvicinava a Latitudine 0°, il centro della foresta. Ancora poco, e avanzare sarebbe stato impossibile: la vista si fermava su un fondo che era compatto come un muro, pur conservando la testura tridimensionale della vegetazione. Carvajal ci avrebbe potuto infilare un braccio, rovistarci dentro, ferirsi le dita con le spine che si celavano sotto ogni foglia, ma non sarebbe riuscito ad andare oltre la spalla.

Allora estrasse il machete dalla guaina e colpì alla cieca. Qualche ramo cadde reciso, il resto del viluppo si ritirò leggermente, come se avesse accusato la ferita. Ma restava così tanto da scavare. Carvajal sollevò ancora una volta il machete e lo abbatté senza arte contro un ciuffo di passiflora. Poi nuovamente, sempre più furiosamente, due, tre, quattro volte.

Tra le radici dell'ebano, i volti di Columbus e del Bicho non rivelavano sforzo se non per una lieve tensione della bocca – quasi una smorfia di rassegnazione. Intanto, frustando l'aria con le sue urla sorde, la Maga sviluppava il manto della sua aura violacea, minacciando di inghiottire l'Orbo, che da parte sua cercava un'asperità qualsiasi, una fessura nell'essenza del demone avversario su cui applicare le tecniche di costrizione. Solo grazie a quelle avrebbe potuto salvarsi da un potere tanto soverchiante.

Nel frattempo, i percorritori che avevano interrotto la battaglia si concentravano sempre più numerosi intorno ai dominatori duellanti. Erano feriti, imbrattati di sangue. Tra i demoni, alcuni rilucevano di rinnovata energia, altri sembravano schivi, come umiliati dalla propria insufficienza. Tutti portavano i segni dei morsi, delle strette brucianti dei duelli.

Era quella una visione nuova persino per la Maga, e soprattutto alla Maga sembrava gradita. Tra una mossa e l'altra del combattimento, quel demone indimenticabile si fermò a considerare sotto una nuova luce l'uomo appena canuto, ospite del suo avversario, che sedeva per terra con la testa reclinata su una spalla. Le tempie deformate dalla magia dei naturali, il viso affilato. In nome del vecchio egemone, della restaurazione della giustizia, aveva scatenato l'apocalisse nella foresta. El Bicho si accorse di quello sguardo e sentì una fitta segreta – se così si può dire – di gelosia.

Anche il dottor Lagrange abbandonò il combattimento come tutti gli altri, attirato dal magnetismo oscuro del duello tra capitani. Theia, il satellite rosso, recuperò la propria orbita abituale e la rabbia che appannava la mente del dottore iniziò a dissiparsi. Camminando, scavalcava pietosamente i cadaveri di cui la vita della foresta – per ora quella animale, poi sarebbe stata la vegetale – cominciava già a nutrirsi.

Un singhiozzo rotto lo fece deviare leggermente dal cammino, verso una breve radura dove l'Indio Feo, inginocchiato, cullava la testa insanguinata dell'Indio Bruto. Al suo fianco, l'Indio Bravo aveva immobilizzato a terra una guardia indigena del Bicho. Pazientemente, metodicamente, la colpiva con tutto il peso delle braccia sulle costole e sugli zigomi. Il naturale doveva essere già svenuto da un pezzo.

«La vendetta non ti aiuterà a sopportare il dolore» disse Lagrange all'Indio.

«Però io intanto lo ammazzo, poi vediamo».

Proprio allora, guardinga, felpata sui piedi minuscoli, una recluta recente della colonna si affacciò sulla scena. Il dottore lo riconobbe, era Yona il Topo, il protetto di Carvajal. Sembrava che il furore della battaglia gli fosse scivolato addosso senza toccarlo, come se il suo ratto giallastro fosse troppo insignificante per attirare l'attenzione di qualsiasi avversario. Senza dire nulla, gettando appena uno sguardo svogliato alla scena patetica dei tre Indios, Yona proseguì per la sua strada seguito da Sonar, l'inseparabile cane nero.

Il braccio gli doleva a furia di dimenare il machete, eppure la muraglia di sterpi gli aveva ceduto appena una decina di metri. Anzi, man mano che Carvajal avanzava, i rampicanti gli si riannodavano alle spalle come per inghiottirlo. Sotto quella coltre lo abbandonava persino la luce del sole, e Carvajal capiva che non sarebbe riuscito ad attraversarla in tempo – in tempo per cosa, poi?

Ancora un istante e avrebbe lasciato cadere il machete, sconfitto, quando si accorse che sotto l'ultimo colpo i rami si erano rivelati più cedevoli. Provò a infilare la lama di punta, per dipanare il groviglio, e insospettabilmente le allacciature degli steli si sciolsero. Allora Carvajal affondò le mani nella matassa vegetale, che gli dava il passo come schiuma. Adesso c'era una voce a guidarlo. Era la voce della bambina.

Superato l'ultimo strato duttile di piante, Carvajal cadde nella penombra inalterabile della fortezza, cadde come in sogno si cade in un'acqua buia. Dall'altra parte c'era la bambina ad aspettarlo. Gli prese la mano perché la seguisse, lo condusse per i corridoi che nessuno conosceva meglio di lei – lei che sola ci era nata e cresciuta – con la sua corsa fatta di piccoli passi.

Quando sbucarono nella sala delle ninfee, Nina giaceva sul pavimento, la testa rovesciata all'indietro. Sul collo portava i segni della stretta di un demone, e il cardellino dalla maschera rossa le zoppicava intorno senza riuscire a prendere il volo.

Carvajal si lasciò cadere in ginocchio, le prese una mano nella mano e senza che lei lo sentisse sussurrò: «*Mi niña*, ce l'hai fatta stavolta a perderti davvero?».

E si sarebbe perso di certo anche lui, se la bambina non gli si fosse avvicinata da dietro, posandogli una mano sulla nuca. Allora Carvajal vide con gli occhi della piccola: nonostante la dissimulazione, vide l'aura del Russo nascosto in agguato nell'angolo più buio della sala.

Non ci fu schianto, non ci fu luce accecante. Con un tremito solo vagamente elettrico il manto della Maga – che per lungo tempo aveva velato il sole della foresta – si squarciò da capo a capo.

Pochissimi tra i percorritori presenti, forse soltanto il dottor Lagrange e un vecchio luogotenente del Bicho, sospettarono che negli ultimi scambi del duello il più potente demone di sempre avesse concesso all'Orbo un certo spazio di manovra, che avesse trattenuto qualche colpo prima che l'avversario trovasse il punto di leva su cui applicare le tecniche di costrizione. Un dubbio che non avrebbero mai avuto modo di sciogliere, e che li avrebbe accompagnati per il resto delle loro vite.

Con una smorfia tra il dispetto e il capriccio, la Maga vide fuggire dallo strappo nel manto tutta la forza che ne faceva una regina. L'energia si spandeva nell'aria a ondate così violente che nessuno dei percorritori riuscì a raccoglierne fosse anche solo una goccia, finché la forma corporea del demone non rimase vuota, si polverizzò in una nuvola violacea che non avrebbe mai nutrito altri esseri mortali.

Anche del Bicho, l'egemone, il sopravvissuto, sembrava rimasta soltanto la scorza. Pietosamente Columbus si alzò in piedi, gli affondò le dita tra i capelli ricci prima che potesse accasciarsi e fece segno a un uomo della guardia perché portasse il coltello di ossidiana.

«Il tuo demone ti ha fatto molto soffrire» disse.

El Bicho rispose con le pupille già rivoltate all'indietro, roco e quasi inudibile.

«Non sarà stato quello che hai voluto tu, non sarà stato quello che ho voluto io, ma quello che vuole la Maga».

Il grosso degli uomini non si fermò ad assistere alla fine dell'egemone.

In colonna serrata, si facevano già strada verso la fortezza centrale, che una volta di più si preparava ad accogliere una nuova dinastia.

Il David Bowie azzurro era così impegnato a difendersi, a rispondere ai fendenti diagonali del demone piumato, che Carvajal non ebbe il minimo sentore delle ondate di energia che bruciavano il tessuto spirituale della foresta. Adesso combatteva per la vita, per la vita e per la rabbia.

Sotto gli occhi della bambina dal colibrì, il duello tra il Russo e Carvajal era stato l'unico a non essere interrotto dallo scontro tra i capitani – forse era un segno, una conferma dell'intuizione del Bicho che intorno a Nina potesse rinascere una foresta nuova e diversa.

Dopotutto, pensava il Russo, immerso nel chiarore igneo che emanava dalla sagoma del demone piumato, dopotutto devo riconoscerlo. Columbus aveva dimostrato un certo talento militare. L'idea di sciogliere il cuneo si era dimostrata vincente, e quanto a lui... gli aveva permesso di mettere le mani sul putrido Inglese prima, sulla ragazza poi, e adesso sull'uomo che risveglia i ricordi.

Ancora una volta il demone del Russo si raccolse sui quattro arti, per poi scattare contro la figura longilinea del suo avversario. Con le mani artigliate gli stringeva i polsi, e dal punto di contatto scaturiva un fumo che al Russo sapeva di carne bruciata.

Quello che conta adesso è la bambina, si diceva. Se era vero che Columbus voleva distruggere la foresta, l'esistenza della bambina non poteva essergli indifferente. Se invece voleva prendere il posto dell'egemone, possedere la bambina sarebbe stato tanto più indispensabile. In ogni caso avrebbe dovuto trattare con lui. Per i primi tempi sarebbe rimasto nascosto. Per poi ritornare al momento giusto, con la giusta merce di scambio. Come lui, il Russo, sapeva fare.

Con un brivido di piacere raccolse la prima goccia del potere dell'avversario. Il nemico stava cedendo, l'uomo che risveglia i ricordi aveva un sapore dolciastro, leggermente alcolico. Quasi nostalgico, si sorprese a pensare. Se non fosse che... Un sentore, un odore. Puzza di topo, lurido topo. Come era possibile? Come poteva essere?

Si dice che, alla morte di un egemone, la fortezza centrale perda completamente le foglie. I rami rabbrividiscono sotto il tocco insolitamente freddo dell'aria, la foresta, nel giro di un chilometro, prende un aspetto assurdamente autunnale. Ma è solo un momento, il breve attimo che precede la nuova foliazione. Perché a Latitudine 0° l'inverno non arriva mai.

Così pensava il dottor Lagrange sul limite della cinta vegetale che ancora proteggeva la fortezza. I rami della barriera si erano ritratti e poi irrigiditi, lasciando intravedere qualche apertura, qualche passaggio irto di spine dove prima erano solo foglie compatte legate da minuscole liane. Forse ci passerebbe un corpo minuscolo, estremamente esile..., si diceva Lagrange.

Ma per il momento l'avanzata si era fermata. Stracciati, sanguinolenti, gli uomini aspettavano che il nuovo egemone aprisse loro le porte del regno che si erano conquistati. Columbus sarebbe arrivato presto, ma sarebbe arrivato in tempo per Carvajal?

Nemmeno quando il potere del David Bowie azzurro cominciò a stillare fuori dalla sua area di coscienza, quando l'abbraccio del demone piumato si fece più intollerabile che mai, nemmeno allora Carvajal capì che il duello era perduto. In un accesso di furia generosa, stupidamente cavalleresca, dava fondo all'energia che aveva risparmiato dalla battaglia. E non sentiva ancora dolore, né per sé né per Nina.

Così si sarebbe svuotato, così sarebbe affondato nella morte – e converrete con me che ci sono modi peggiori di morire. Così si sarebbe concluso il suo viaggio alla ricerca di una donna – un finale tutto sommato lieve e bello –, se non fosse stato per Sonar, Sonar il cane.

Assecondando l'istinto da topo di farsi strada in una nave che affonda, l'istinto da ratto di mettere i denti per primo su un boccone lasciato incustodito, Yona si infilò carponi in uno dei varchi rinsecchiti della muraglia vegetale. Incurante dei graffi, delle spine, della soffocante claustrofobia. Con un senso della direzione degno di un cacciatore indigeno si diresse a sud, dritto come una bussola, alla ricerca di tesori della cui natura non si preoccupava. Ritraeva la pancia, raccoglieva le spalle per tirarsi fuori da un intrico di liane, a costo di dover mordere il legno nudo si divincolava dalla stretta dei rami, e tutte le volte che si girava a guardare trovava il cane Sonar che gli teneva dietro e allargava a sua volta il passaggio già aperto dal piccolo uomo. Ma a battere la pista non era né l'uomo né il cane: era il demone ratto, che avanzava senza esitazione come quando in passato, ricordava Yona, l'aveva guidato sulle tracce di un percorritore morente. Perché il ratto era sempre il primo a fiutare l'odore della morte, prima di Yona, prima di chi sarebbe morto e forse anche prima della morte stessa.

Ruggendo, dimenando la gamba da gigante, il Russo cercava di liberarsi dal morso del cane nero. Perse l'equilibrio, cadde, poi con l'altro piede scalciò violentemente contro il muso dell'animale. La suola dello scarpone si abbatté sull'orecchio di Sonar, che schiuse la mascella e guaì prima di tornare a ringhiare. Ma mentre il Russo puntava le braccia per tirarsi in piedi, nonostante la caviglia insanguinata, si accorse che perdeva presa sul demone dell'avversario. Il David Bowie azzurro era riuscito a liberare un braccio e adesso affondava due lunghe dita tra le costole del demone piumato, alla ricerca del suo cuore azteco.

Il Russo sapeva di aver distolto troppa energia dal duello, e quel dolore tagliente nell'addome era il prezzo da pagare. Lottò contro l'affanno per ritrovare la concentrazione. Puzza di topo, topo maledetto... Solo allora scorse ai margini del campo visivo la sagoma sfuggente di un uomo minuscolo. Come era possibile che fosse proprio lui? Inaspettatamente, da un angolo recondito dell'anima, le umiliazioni subite nel mondo di fuori riaffiorarono come un'acqua impura. Per un istante il Russo credette di poterne attingere l'ultimo disperato vigore. Ma il ricordo portava in sé il germe del dubbio, e nel dubbio marcisce l'orgoglio di un dominatore del demone. Senza contare che il cane nero era tornato all'attacco, aveva riaffondato i denti nella carne che il demone piumato non aveva avuto il tempo di rimarginare.

Anche il David Bowie azzurro aveva denti aguzzi. Il Russo vide che inspessiva il contorno, che sollevava le labbra per scoprire i canini.

Topo maledetto. Topo, topo. L'uomo dei ricordi. Il topo. La ragazza. Il demone ratto. La bambina.

All'arrivo di Columbus, stanco, stracciato, la schiera degli uomini già taciturni cadde in un silenzio più profondo. Non che mancasse loro l'entusiasmo per la vittoria, o l'affetto per il capitano vittorioso. Ma una domanda ancora irrisolta li teneva sospesi: da Columbus aspettavano di sapere il futuro della foresta, che era anche il loro futuro. E per la foresta provavano un rancore da schiavi, il rancore che ispirano le cose di cui in nessun modo possiamo fare a meno.

Nei mesi precedenti e durante l'assedio, Columbus aveva dimostrato una volontà implacabile. Mosso da un freddo furore, aveva guidato l'avanzata senza crudeltà, eppure spietatamente. Era stato tutto per odio del Bicho? Per vendicare l'umiliazione di un egemone famoso del passato? Certo era che il capitano – soprattutto nella battaglia finale – non aveva risparmiato il sangue dei suoi, e anche di questo gli uomini aspettavano ricompensa.

All'arrivo di Columbus, stanco, stracciato, la muraglia di Latitudine 0° tardò a schiudere i suoi intrecci vegetali – forse solo un istante più del dovuto. Segno che stavolta la fioritura della fortezza centrale sarebbe stata più parca, più prudente del solito. O che come i grandi amori longevi, anche quello tra il nuovo egemone e la foresta nasceva da un seme di diffidenza.

Dal demone piumato al David Bowie azzurro, il flusso di energia scorreva impetuoso e inebriante. Per un tempo che non seppe determinare, Carvajal si nutrì di quella sostanza rara, la linfa di un demone quasi perfetto, alimento eccezionale anche per gli egemoni e i grandi capitani.

Ma quell'estasi era venata da un filo doloroso, come se il flusso incespicasse di tanto in tanto in un nervo esposto. Carvajal seguì quel filo rosso fino a riconoscervi il colore del cardellino. Il cardellino di Nina. E il pensiero di Nina, come sempre, bastò per strapparlo ruvidamente all'oblio.

Carvajal batté le palpebre, riconobbe la stanza della fortezza. Per terra c'era il corpo del Russo, niente lo avrebbe potuto salvare. Il demone piumato era ridotto a una mummia secca.

Nina era ancora dove l'aveva lasciata, esanime, distesa su un fianco. Tra il ventre e le ginocchia della madre si era accovacciata la bambina: aveva gli occhi chiusi, si era girata un braccio di Nina intorno alle spalle. Intanto il colibrì svolazzava sopra al cardellino ferito, il cardellino dalla maschera rossa. Sembrava vegliasse su di lui, e invece a tratti si faceva sotto con il becco sottilissimo: non poteva resistere, staccava una piuma, succhiava una goccia di sangue dall'ala lacerata. Il David Bowie azzurro lo scacciò con dolcezza. Poi con i canini affilati si tagliò la pelle dell'avambraccio, dove aveva la carne più morbida, e la offrì al becco del cardellino. Ma fu presto evidente che l'uccello non si sarebbe nutrito.

Carvajal si guardò intorno sconsolato. Unico testimone della scena era Yona il Topo, a cui doveva la vita. Yona si era seduto in un angolo a gambe incrociate, con il mento tra le mani. Guardava nel fitto del pelo del cane Sonar, accucciato ai suoi piedi, mentre il ratto rosicchiava la caviglia scheletrica del demone piumato, consumandone così l'ultima vita.

Senza disturbare la bambina, Carvajal si inginocchiò, prese la testa di Nina su una coscia. Con entrambe le mani le accarezzava le guance, i capelli. Di tanto in tanto Nina apriva gli occhi, diceva poche parole. Le ultime furono: Che orecchie piccole hai, Gaspar, e disperatamente Carvajal sentì che perdeva qualcosa che non avrebbe mai più ritrovato sotto altre forme.

Epilogo

Il giorno dell'incoronazione di Columbus, la sala delle latifoglie conteneva a stento i sopravvissuti della colonna, veterani della grande battaglia sotto Latitudine o°. Oltre all'Indio Bruto, oltre alla vecchia Curcuma, più della metà dei soldati aveva perso la vita sotto le mura della fortezza centrale. Per primi, e più numerosi, erano caduti i demoni fragili – i paria inquadrati nella colonna, i reduci del porcile.

Ma questo è un giorno di festa, e dobbiamo occuparci dei vivi.

Natalia decise di tornare alla casa nella palude. Avrebbe coltivato il mais come aveva fatto sempre, sarebbe rimasta vicina al suo Juanito.

Anche l'Indio Bravo e l'Indio Feo, inconsolabili per la perdita del fratello minore, sarebbero tornati alla colonia del Giardino, dove l'amicizia del dottor Lagrange avrebbe assicurato loro un'esistenza placida e priva di sussulti.

A Lagrange sarebbe andata la fortezza sulla collina. Per i suoi meriti incontestabili nel trionfo di Columbus oltre che per la profonda conoscenza del territorio.

Un piccolo gruppo di chierici, capitanato da Fray Pedro il teologo, fu ricompensato con il permesso di tornare sulla cordigliera, dove avrebbe tentato la rifondazione della Montagna Sacra.

Isabel, la concubina dagli occhi azzurri, sarebbe stata la nuova *duquesa* dell'Alcazar.

All'incoronazione c'erano proprio tutti. I fedeli di Columbus come i vecchi capitani venuti a rendere omaggio al nuovo egemone. Xolotl della Cascata, la Rubia della Miniera e il Negriero del Porto Vecchio accolsero tra le loro fila Lagrange, Fray Pedro e Isabel.

Naturalmente c'era anche Carvajal: osservava la scena da un balcone appartato, mentre la bambina dal colibrì gli giocava sulle ginocchia. Non poteva fare a meno di pensare alle esistenze congelate dei percorritori, alle loro vite senza età e senza storia. Per quanti anni ancora il piccolo Juan sarebbe rimasto bambino?

Quanto a lui, aveva preferito rifiutare la carica di *duque* che Columbus gli aveva offerto. All'egemone aveva chiesto una grazia particolare, che gli era stata accordata non senza tristezza. Carvajal avrebbe lasciato la fortezza insieme alla figlia. I ricordi risvegliati da Nina lo riportavano verso il mondo di fuori, per l'ultima volta ne avrebbe seguito la traccia, con tutto ciò che rimaneva di lei.

Che cosa sarebbe stato della foresta? Lentamente ma inesorabilmente il nuovo egemone avrebbe realizzato i suoi propositi di demolitore? O si sarebbe adagiato sul trono di Latitudine 0° finché un nuovo sfidante non fosse sorto a minacciarlo, principe immemore anche più del Bicho, fedele soprattutto al demone come ogni percorritore? Per ogni nuova epoca nuove possibilità, e a Carvajal quasi dispiaceva non esserne testimone. Tutto è ancora possibile, si diceva. E chissà che un giorno le grandi dorsali non si sollevino come rettili e tornino a camminare la terra, perché sono insondabili anche i desideri di Columbus.

Indice

Collana Bookclub

01 Katia Metelizza, *Il nuovo abbecedario russo*
02 Raffaella R. Ferré, *Inutili fuochi*
03 Caroline Lunoir, *La mancanza di gusto*
04 Sarah Braunstein, *Il dolce sollievo della scomparsa*
05 Riccardo Romani, *Le cose brutte non esistono*
06 Gabriele Romagnoli, *L'Artista*
07 Tupelo Hassman, *Bambina mia*
08 Raffaele Riba, *Un giorno per disfare*
09 Caleb Crain, *Errori necessari*
10 Céline Minard, *Per poco non ci lascio le penne*
11 Miguel Bonnefoy, *Il meraviglioso viaggio di Octavio*
12 Dan Crowe, *Interviste con il morto*
13 Brendan Behan, *Un irlandese in America*
15 Antoine Volodine, *Terminus radioso*
17 Fabrizio Patriarca, *Tokyo transit*
19 Paul Lynch, *Cielo rosso al mattino*
20 Rose Tremain, *Gustav Sonata*
21 Benjamin Markovits, *Esperimento americano*
23 Antoine Volodine, *Gli animali che amiamo*
25 Miguel Bonnefoy, *Zucchero nero*
27 Gianfranco Di Fiore, *Quando sarai nel vento*
29 Paul Lynch, *Neve nera*
30 Antonio Muñoz Molina, *Come ombra che declina*
31 Raffaele Riba, *La custodia dei cieli profondi*
32 Lionel Shiriver, *I Mandible. Una famiglia*, 2029-2047
33 Anthony Cartwright, *Il taglio*
34 Antoine Volodine, *Sogni di Mevlidò*
36 Antonio Muñoz Molina, *Il vento della Luna*
37 Gian Luca Favetto, *Si chiama Andrea*
39 Salvatore Scibona, *Il Volontario*
41 Lutz Bassmann, *Black Village*
42 Mark Z. Danielewski, *Casa di foglie*
43 Fabrizio Patriarca, *Tropicario italiano*
44 Cynan Jones, *La baia*
45 Paul Lynch, *Grace*

66thand2nd
via Marcello Malpighi, 12 A
00161 Roma
www.66thand2nd.com
facebook 66thand2nd Editore — twitter 66thand2nd
instagram 66thand2nd — info@66thand2nd.com

editing Alessandro Gazoia

direttore editoriale
Isabella Ferretti
direzione@66thand2nd.com

caporedattore
Maria Eleonora Cucurnia
redattore
Michele Martino
redazione@66thand2nd.com

ufficio stampa
Marco Scognamiglio
ufficiostampa@66thand2nd.com

commerciale
Antonia Conti
commerciale@66thand2nd.com

amministrazione
Gabriella Riso
amministrazione@66thand2nd.com

finito di stampare a Guidonia nel gennaio 2021
dalla tipografia Arti Grafiche La Moderna snc
su carta Favini Shiro Echo in copertina
e Storaenso Fresia nell'interno